本书获高等学校学科创新引智计划（项目编号 B16031)、中国博士后科学基金项目（项目编号 2020M673328)、陕西省科技厅软科学研究计划（项目编号 2022KRM007）资助

"读万卷书，行万里路"

阅读助燃梦想

Reading
Performance
of Primary
School
Students in
Rural China

——农村小学生阅读调查

Reading
for the Future

高秋风 著

社会科学文献出版社
SOCIAL SCIENCES ACADEMIC PRESS (CHINA)

目　录

第一章 绪论

第一节 农村小学生阅读能力发展实证研究背景

改革开放40多年来，中国经济高速发展，其中人力资本对经济发展的重要性不容忽视（蔡昉，2004；何晓波，2016）。现阶段中国经济发展进入新时代，为避免陷入"中等收入陷阱"并推动经济保持平稳快速发展，继续加大对人力资本的关注力度、推动人力资本持续发展十分关键。人力资本理论指出，人力资本的积累是经济增长的源泉（王永水和朱平芳，2016；李基礼，2017；杜育红和赵冉，2018）。人力资本的积累直接推动劳动力素质的提高，投入生产中的劳动力质量也会相应得到提高，在劳动力数量不变的情况，投入生产中的总劳动力质量依然得到了提高（邓金钱和何爱平，2017）。21世纪以来，在发达国家中，依托人力资本的技术进步对生产力的贡献占60%～80%（施子海，1997；史清琪，1999）。

教育是提高人口质量、改善人力资本的必由之路（周仲高，2014）。教育会形成并提高人的认知能力、知识水平与劳动力质量，进而提高人力资本水平。教育通过提高知识水平与劳动技能，既能提高劳动生产率、促进经济增长，也可以提高个人获取收入的能力。历史经验表明，教育水平相对较高的人，收入水平也相对较高，教育水平的提高是贫困人口摆脱贫困的有效方式（张世伟和吕世斌，2008；王弟海和龚六堂，2009）。研究证据进一步指出，初等教育的教育投资收益率相对较高，远高于中高等教育的教育投资收益率（Qian and Smyth，2008；Kleiman-Weiner et al.，2013；Li et al.，2015）。因此，初等教育的投入对加强人力资本的培育与储备具有重要意义。

由于义务教育作为公共产品的公益性属性，政府需将其作为核心资源进行投入，通过国家财政的再分配实现义务教育的供给与发展（史燕来，2004；郭清扬，2004；祝志芬，2011）。世界银行指出，公共产品与公共服务的投资（如国防、基础教育、公共医疗卫生等）应作为政府职能之一（袁琦，2005）。在中国，城市占有更多的资源，而农村相对处于弱势，在争取义务教育资源的博弈中，也相应处于劣势（吴春霞等，2009；樊继达，2009）。由于义务教育的监管机制不完善，资源配置过程和配置结果约束不完善，这容易造成义务教育资源利用效率低下（贺民和杨公安，2013）。如何有效利用教育经费培养出大规模的高质量人才，也是教育经济学研究者关注的问题（靳希斌，2010）。

《中国统计年鉴（2016）》指出，尽管中国政府对初等教育十分重视，每年国家会投资约5%的GDP到教育中，但与城市地区相比，中国农村地区学生的教育表现依然有差距。倾向城市的教育经费投入政策推动了城乡教育质量差距（吕炜等，2015；黄维海，2016；朱德全等，2017）。众多研究发现，农村学生的学业表现远不如城市地区学生的学业表现。现阶段，约有68%的全国义务教育阶段的学生生活在农村地区，这意味着有数千万名农村学生可能没有获得充足的教育资源（中华人民共和国教育部发展规划司编，2015）。城乡教育差距的存在可能会对中国经济进一步发展产生不利影响。

值得庆幸的是，中国政府也充分认识到改善农村教育现状的重要性与迫切性，近年来推出一系列举措促进农村地区教育发展。2016年，习近平总书记指出："扶贫必扶智，让贫困地区的孩子们接受良好教育，是扶贫开发的重要任务，也是阻断贫困代际传递的重要途径。"《2019 年国务院政府工作报告》提出推进城乡义务教育一体化发展，加强乡村教师队伍建设。2020 年，《中共中央国务院关于抓好"三农"领域重点工作确保如期实现全面小康的意见》明确指出要提高农村教育质量，改善农村地区办学条件，提高教学质量。2021 年，教育部等九部门印发的《中西部欠发达地区优秀教师定向培养计划》提出要加强中西部欠发达地区教师定向培养，提高中西部欠发达地区的教师队伍质量。加强对农村学生教育表现的关注与提高，有助于缩小城乡教育差距、遏制贫困代际传递，提高中国农村地区的人力资本质量。

研究表明，早期阅读能力的充足发展会提高学生的最终教育水平（Slavin et al.，2009）。有学者指出，学生在中小学时期如果不能提升阅读能力，那么其不仅在课业学习上可能会遇到障碍，学业表现落后于其他同龄学生，未来步入社会后还可能会面临难就业、失业等危险（Whitehurst and Lonigan，2001；Good et al.，2001；Slavin et al.，2009）。阅读水平直接影响着人类生活的方方面面，也直接影响人类的自主学习和终生学习能力（施子海，1997；史清琪，1999）。在学生早期学习阶段，帮助其克服阅读障碍，对预防学生长期阅读发展滞缓、促进学生教育表现有着重要作用。

更进一步来看，中国政府领导者已逐渐意识到阅读对教育和学生本身的重要性，推出了一系列的举措以促进农村学生阅读能力的发展。2003 年，教育部推出政策，加强全国中小学图书馆的建设与管理，提高农村学生阅读资源的可及性。自 2014 年起，政府每年都将"全民阅读"纳入中国政府工作报告，开始大力倡导"全民阅读"活动，鼓励社会各阶层各年龄段的公民进行阅读（方文国，2018）。党的十八届五中全会将倡导全民阅读列为"十三五"时期的重要工作，2016 年，中国首个国家级"全民阅读"规划——《全民阅读"十三五"时期发展规划》印发（王志艳，2016）。2017 年，第十二届全国人民代表大会常务委员会通过《中华人民共和国公共图书馆法》，全民阅读工作被进一步纳入法治化轨道，国家提出应保障贫困地区未成年人的基本阅读需求。2019 年，教育部办公厅印发了《2019 年全国中小学图书馆（室）推荐书目》，鼓励中小学提高学校图书馆质量并开展阅读指导。2020 年，中央宣传部印发的《关于促进全民阅读工作的意见》指出，要推动更多优秀出版物进农村、进校园，要积极推动青少年阅读。

关于学生阅读发展的研究，仍有很多问题亟待解决。首先，尽管阅读能力可作为学生教育表现及人力资本投资效益的衡量指标，但已有文献对中国尤其是农村地区学生阅读能力的研究仍比较匮乏（Cromley，2009；Ning et al.，2016）。现阶段尚不清楚中国农村地区学生的阅读情况。如何能够较好地测评农村地区学生的阅读能力与阅读行为？是否可以开展对比研究了解农村地区学生阅读能力与阅读行为的差距？哪些特征群体的学生在阅读发展中属于弱势群体？其次，影响农村地区学生阅读发展的关键因素有哪些？学校与家庭作为阅读资源的提供者是否由于信息缺乏对阅读存在错误认知，没有为学生创造良好的阅读环境，从而阻碍学生的阅读能力发展？最后，如何从供给角度设计阅读干预方案，促进农村地区学生阅读能力的发展？在评估阅读干预方案的可行性与有效性方面，如何科学评估阅读干预方案对学生阅读行为和阅读能力的影响效果？阅读干预措施有效或无效，其背后的影响机制是如何形成的？本研究将基于大规模实地调查数据，通过科学严谨的实证研究进行分析，对上述一系列问题进行回答。

第二节　研究内容

本研究的主要研究对象为中国农村小学生，研究的核心内容是评估中国农村学生的阅读能力发展状况，探寻影响学生阅读能力发展的潜在因素，并探究提高农村学生阅读能力的可行的阅读干预方案。对此，本书共分为七章，各章的内容安排如下。

第一章为绪论。该章首先简要介绍了本研究开展的背景意义，即为何关注农村地区学生的阅读能力发展；其次，说明了本研究的结构，即介绍各章节的主要内容。

第二章为农村小学生阅读能力发展的研究基础。该章主要介绍三方面的内容：首先，介绍本研究的数据来源，主要包括研究开展的样本地区的基本情况和研究样本的抽取过程；其次，介绍本研究的数据收集过程，主要包括研究内容模块以及在研究内容模块下的核心关键问题变量；最后，介绍本研究在分析影响评估效果时，使用的主要研究方法，具体包括随机干预实验法、倾向得分匹配法和倍差分析法。

第三章为理论基础与文献回顾。该章首先对本研究相关的理论基础与框架进行了回顾，介绍了人力资本理论的形成与发展、人力资本在经济发展中的作用，并梳理了教育在人力资本培育中的重要作用，以及义务教育与公共产品理论的相关关系；其次，对与本研究相关的研究发现与既往文献结果进行梳理汇总；最后，对我国近年来阅读政策实施现状进行了陈述。

第四章为农村小学生阅读能力发展实证分析。该章介绍了本研究的数据收集过程和计量模型，描述和分析了农村小学生的阅读行为和阅读能力发展现状，对比分析了中国农村地区样本学生与其他国家或地区的学生在阅读能力上的差距，针对不同学生群体的阅读能力测试成绩进行了异质性分析，实证检验学生阅读能力与学生学业表现的相关关系。

第五章为农村小学生阅读能力发展的影响因素分析。为评估影响学生阅读能力的潜在因素，该章在梳理文献的基础上，从学校与教师、家庭、学生个人角度实证检验影响学生阅读能力的主要因素。从学校与教师角度分析农村阅读教学资源与教学环境及其对学生阅读能力的影响；从学生家庭角度分析家庭阅读环境对学生阅读能力的潜在影响，并探究农村劳动力外出务工对农村学生阅读能力可能产生的影响；从学生个人角度重点分析自信心对学生阅读能力的影响。

第六章为应用影响评估方法评估阅读干预项目对改善学生阅读表现的有效性。该章在梳理汇总阅读干预有效性的文献的基础上，运用随机干预实验数据和准实验数据（即干预事后评估数据）两大类实验数据，评估分析阅读干预项目对学生阅读态度、阅读行为和阅读能力的影响效果，并进一步评估阅读干预项目对学生学业表现的影响效果。此外，该章还进一步分析了阅读干预项目对学生的异质性影响效果，探讨分析了阅读干预项目影响学生阅读能力和学业表现的背后机制。

第七章对本研究的主要结论进行总结与讨论，根据实证研究的分析结果探讨分析可能的政策建议，并指出了该研究领域可能存在的进一步的研究方向。

第二章 农村小学生阅读能力发展研究基础

为开展农村学生阅读发展的相关研究，本研究采用实证分析方法，基于大规模实地调查数据，系统分析中国农村地区学生的阅读能力、摸清农村地区学生的阅读环境与阅读资源，从供给角度探讨分析有效提高农村地区学生阅读能力的可行模式，在此基础上进行总结和分析，为改善农村地区学生阅读发展条件和提高农村地区教育水平提供相关实证建议。

为此，在开展本研究时，研究团队首先对与本研究相关的经济学、教育学、管理学等相关理论知识进行了梳理，对国内外已有研究成果进行梳理与总结；其次，在此基础上，结合我国农村地区小学生阅读发展情况，确定了本研究的思路与分析框架，明确了开展研究的核心问题与关键信息；再次，在理论研究基础上，研究团队设计了研究方案，明确了研究框架、技术路线与调查问卷内容模块；最后，基于研究方案执行实验实施细则并开展实地数据调查，通过描述性分析和计量模型等实证方法对本研究的核心问题进行分析，整理实证分析结果，提炼相关实证建议。

第一节 数据来源

本研究中使用的数据来源于陕西师范大学、中国科学院和北京大学研究团队在中国三个省即陕西省、贵州省和江西省农村地区开展的实证调查获取的一手调查数据。使用陕西省、贵州省和江西省三省作为研究地区有以下一些特点和优势。首先，三省份位于中国不同地理区域，陕西省、贵州省和江西省分别位于中国的西北地区、西南地区和东南地区，可以更好地代表不同地域的基本情况。其次，三省份均拥有大规模的农村居民群体，农村居民在全省人口中占比高于全国平均水平，可以在一定程度上反映中国农村地区的普遍情况。《中国统计年鉴（2016）》的数据显示，2015年陕西省生活在农村地区的人口占陕西省总人口的46%，贵州省生活在农村地区的人口占贵州省总人口的58%，江西省生活在农村地区的人口占江西省总人口的48%，略高于全国平均水平。最后，陕西省、贵州省和江西省在读小学生人数众多，可以在一定程度上反映中国农村地区小学生的整体情况。根据教育部公布的《2015年教育统计数据》，上述三省份在读小学生人数分别为233.1万人、346.3万人和422.3万人，占全国小学生人数比例超过10%。但需要特别说明的是，三省份并非通过随机抽样方法选择的，具有样本选取的局限性，因此不能完全代表中国农村地区平均水平。

在确定样本省份后，本研究基于与当地政府的沟通，选定了各省的样本市（非随机抽样）。在各样本市内，本研究主要采用多阶段分层抽样方式选取农村样本地区和样本对象，提高所纳入样本的代表性，确保样本对象可以在较大程度上代表各样本市内农村地区的基本情况。在贵州省、江西省和陕西省实施的具体抽样步骤略有差异。在贵州省和江西省农村地区收集数据的过程如下。

步骤一，在贵州省和江西省样本市内各随机抽取三个样本县，共计六个县作为两省样本县。

步骤二，在每个样本县内，排除样本县位于的城关镇后，获取所有乡镇列表。从乡镇列表中采用随机抽取方法抽取样本乡镇。

步骤三，确定样本乡镇后，在每个样本乡镇内依然运用随机抽样方法抽取样本小学。基于此方式,在贵州省和江西省总共抽取了150所农村小学纳入研究框架。

步骤四,在抽取样本小学后,本研究选取了不同年级的样本学生,即选取贵州省样本小学的三至六年级、江西省样本小学的四至五年级作为研究样本年级。在样本年级内,均随机抽取样本班级。抽取样本班级时遵循以下原则:样本学校内的样本年级的班级数量小于等于2时,将所有班级作为样本班级;样本年级的班级数量大于2时,则采用随机数表抽取两个班级作为样本班级。

步骤五,在样本班级内,所有第一轮调查当天在样本班级的学生均作为样本对象,对其进行实地问卷调查。

最终,通过不同年份间的多轮调查(含追踪调查),我们共收集了贵州省30所农村小学的约4000名三到六年级的样本小学生信息和江西省120所农村小学的约15000名四到六年级的样本小学生信息。

与贵州省和江西省的抽样方法不同,本研究从陕西省两样本市内抽样调查了小学生情况。样本抽取过程如下。

步骤一,在样本市内,收集了全部农村地区小学的学校名单信息,将所有农村地区学校作为抽样样本框。

步骤二,从学校名单列表中,采用随机方法选取68所农村小学作为样本学校。

步骤三,在每所样本学校内,我们没有直接确定样本年级,而是采用随机抽样方法从三至六年级随机抽取两个年级作为样本年级。与上述抽取方法一致,在每个样本年级内最多抽取两个样本班级,作为样本班级。

步骤四,在所有样本班级内,将调研当天在校的所有学生均作为样本对象,对其进行实证调查。

最终,从陕西省样本地区总共收集了68所小学近6000名三至六年级的样本小学生信息。

第二节　数据收集

首先，本研究运用多种实验设计对比的方式，对三个样本省份开展了不同的实验设计。在陕西省样本地区，研究团队主要开展了一轮基线问卷调查，以评估陕西省农村地区小学生的阅读能力发展水平与阅读环境基本情况；在贵州省和江西省样本地区，研究团队不仅开展基线问卷调查实证评估两省农村地区小学生的阅读能力发展水平与阅读环境基本情况，还采用影响评估方法探索不同类型的阅读干预方案（详见第六章）对农村地区小学生阅读能力发展与学业表现的影响。因此，在贵州省和江西省农村地区，研究团队开展了两轮数据调查，以实证分析阅读干预方案的影响效果。

其次，为收集研究方案所需的关键信息，研究团队构建了所需的测量变量，形成了不同类型的调查问卷，并通过几轮小范围的预调查不断完善调查问卷内容，确保测试问题的精准性。预调查，主要选择与研究对象具有相似特征的学校和学生进行实地问卷调查，对问卷测试问题的信度和效度进行测量，不断完善调查问卷内容，最终形成本研究所需的调查问卷。利用调查问卷，研究团队对纳入样本框的研究对象开展了大规模数据收集。本研究中大规模数据收集工作大致可分为两轮调研：第一轮大规模调研时间在 2015 年 5 月至 6 月，在陕西省、贵州省和江西省三省的样本学校里收集了与农村小学生阅读相关的数据信息；第二轮大规模调研时间集中于 2016 年 6 月，研究团队针对江西省开展的阅读干预项目收集了数据信息。

最后，本研究在利用调查问卷收集数据信息时，主要使用访谈问卷和标准化测试两种方式对样本地区农村小学生、学生家庭及其学校进行实地调查。对样本访谈对象进行调查时，由研究团队集中统一培训的调研员进行访谈与测试调查，确保访谈与测试形式统一，执行步骤一致，避免出现样本学生作弊等问题，影响标准化测试结果的有效性。

本研究涉及的关键数据信息主要包含六大部分。

第一部分主要关注样本学生个人及其家庭基本特征信息。在学生问卷调查表和家庭问卷调查表中，主要设计了学生年级、学生年龄、学生性别、学生寄宿情况、学生父亲和母亲的文化程度与职业类型、家庭经济收入和教育投入等相关变量信息。

第二部分主要涉及样本学生所在农村学校的教师和学校的基本特征信息。在教师问卷调查表中，主要包含教师性别、年龄、专业背景、文化程度、教龄、职称、工资收入以及培训经历等信息。在学校问卷调查表中，包含校长性别、年龄、文化程度、教龄、学校面积、教学设施以及师生比等信息。

第三部分主要收集学生的阅读环境方面的信息，包括学生获得的阅读资源、阅读指导等信息。通过学生问卷调查表、家庭问卷调查表和学校问卷调查表，我们主要获取样本学生家庭和学校的课外藏书量、学校阅读课开设频率、学生从家长和教师处获得的阅读指导、家庭为学生购买课外读物情况等信息。

第四部分主要了解学生的阅读行为、阅读兴趣、阅读态度和阅读自信心等信息。利用学生问卷调查表对学生进行访谈，主要了解学生从学校借阅图书的频率、学生课外阅读的时间、学生参与学校阅读活动情况、学生对阅读的喜爱程度、学生对阅读重要性的认识以及学生阅读自信心等信息。

第五部分，通过标准化阅读测试问卷评估学生的阅读能力。阅读测试问卷借鉴国际阅读素养进展研究（PIRLS）测试问题（Caygill and Chamberlain，2004；Mullis et al.，2004；Cheung et al.，2009；Tunmer et al.，2013）。PIRLS是由国际教育成就评价协会（IEA）主持的国际上大规模对学生阅读行为、阅读态度和阅读能力进行评价的比较研究。PIRLS于2001启动，已连续五年在众多国家或地区应用以了解不同国家或地区学生的阅读能力及其国际差距。本研究借鉴 PIRLS2011 年版本的测试条目内容，用于评估中国农村地区小学生的阅读能力。为保证标准化阅读测试题目的适用性与有效性，问卷测试题目依据 PIRLS 翻译准则进行严谨翻译，然后由国内教育专家和具有丰富教学经验的教师进行审核把关，确保测试内容与教育大纲一致且合理。阅读测试内容在大量农村学校进行了几轮试点调查，评估专家根据调查结果修正测试题目，保证考试内容能较好地反映学生的阅读水平。

第六部分，为了解学生的学业表现，采用标准化测评问卷评估学生的数学成绩和语文成绩。学生标准化数学测试是借鉴 TIMSS (Trends in International Mathematics and Science Study) 测评问卷并结合数学教学大纲开发的，标准化语文成绩是结合语文教学大纲开发设计的。与标准化阅读测试问卷类似，标准化数学和语文测评问卷是在专家的指导下设计的，保证测试题目与课程大纲要求一致，同时也在试点地区进行了测评与修正，确保测试内容合理有效。这套标准化数学、语文测试问卷已在许多研究中得到广泛应用（Li et al.，2017；Liu et al.，2017；Gao et al.，2019）。

第三节　研究方法

对于不同的研究模块我们将使用不同的数据、采用不同的研究方法进行分析。简而言之，本研究在对相关问题进行文献综述和理论梳理的基础上，主要采用描述性统计方法研究样本小学生的阅读能力发展变化情况，采用计量经济模型（如多元回归方法）从家庭和学校阅读环境指标方面分析影响学生阅读行为、阅读态度和阅读能力的相关因素，使用影响评估实验方法评估不同类型阅读干预方案对学生阅读能力的影响效果与影响机制。本研究主要使用 STATA 统计软件进行数据整理与分析。

此处，我们简单介绍本研究中使用的三类影响评估方法。影响评估方法旨在评估干预方式或手段对结果指标的影响效果与影响机制。影响评估的原理是基于"反事实"进行分析，通过对比干预组与模拟创造出的反事实对照组的结果产出变化，评估干预实施对结果产出的影响效果（见图 2 – 1）（White，2009）。最理想的反事实对照组是让干预组的观测对象在同一时间点上不接受干预，这样可以排除时间、干预主体特征差异等因素的干扰，准确评估由干预实施带来的"净"影响效果。但在现实条件下，我们只能在同一时间点上获取观测对象的一种状态，要么接受干预，要么不接受干预。我们通过实验设计可以模拟构建在结果产出上与干预组在同一时间点上类似的观测对象组群，即对照组，通过对比分析干预组与对照组的结果产出变化，实证评估干预的影响效果。

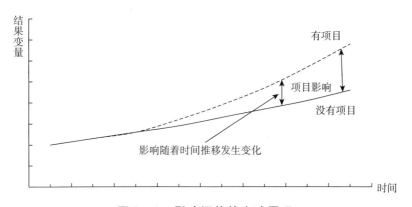

图 2 – 1　影响评估的实验原理

资料来源：张林秀：《随机干预试验——影响评估的前沿方法》，《地理科学进展》2013 年第 6 期，第 843 ~ 851 页。

　　在评估干预的影响效果时，影响评估研究旨在评估干预实施带来的平均干预效果。假定 Y_{i1} 代表个体 i 受到干预影响的结果产出，Y_{i0} 代表个体 i 未受到干预影响的结果产出，即 $ATE = E\left[Y_{i1} - Y_{i0}\right]$。由于个体 i 无法同时出现两种状态，也就是无法得到个体层面的因果效应。研究者可以构建对照组，形成干预组观测对象 i 的反事实状态。具体评估方法如下：

$$ATE = \mathrm{E}\left[Y_{i1} - Y_{i0}\right]$$
$$= \mathrm{E}\left[Y_{i1} \mid T_i = 1\right] - \mathrm{E}\left[Y_{i0} \mid T_i = 1\right] + \mathrm{E}\left[Y_{i0} \mid T_i = 1\right] - \mathrm{E}\left[Y_{i0} \mid T_i = 0\right]$$
$$= \mathrm{E}\left[Y_{i1} - Y_{i0} \mid T_i = 1\right] + \mathrm{E}\left[Y_{i0} \mid T_i = 1\right] - \mathrm{E}\left[Y_{i0} \mid T_i = 0\right]$$

$\mathrm{E}\left[Y_{i1} - Y_{i0} \mid T_i = 1\right]$ 计算可得出干预的平均因果效应。$\mathrm{E}\left[Y_{i0} \mid T_i = 1\right] - \mathrm{E}\left[Y_{i0} \mid T_i = 0\right]$ 代表选择性偏误。由于实验无法观测到 $\mathrm{E}\left[Y_{i0} \mid T_i = 1\right]$，如何剔除或减小选择偏误是影响评估研究的重要部分。

（1）随机干预实验法。随机干预实验法是本研究中使用的核心研究方法。随机干预实验法被称为影响评估的"黄金准则"。其优势在于，随机干预实验在进行干预设计时随机分配观测个体属于干预组还是对照组，保证了干预分配与观测对象的结果产出之间的独立性，$\mathrm{E}\left[Y_{i0} \mid T_i = 1\right] = \mathrm{E}\left[Y_{i0} \mid T_i = 0\right]$，剔除了选择偏误的影响。因此，随机干预实验可以通过对比分析干预组和对照组的结果产出变化，准确评估干预影响效果，并探究干预变量与结果变量之间的因果影响机制。

尽管随机干预实验法起源于医学，但现已逐步被应用在公共政策领域和教育领域，成为经济学研究的新兴方法。比如，Mo 等（2015）采用随机干预实验法证实利用电脑辅助中国农村学生的学业学习，可以提高学生的教育产出；Ma 等（2014）利用随机干预实验设计揭示了科学佩戴近视眼镜与学生视力的因果关系，佩戴合适的眼镜不仅有利于缓解学生的视力下降问题且会提升学生的学业表现。2019 年诺贝尔经济学奖获得者阿比吉特·班纳吉（Abhijit Banerjee）和埃丝特·迪弗洛（Esther Duflo）创建了 The Abdul Latif Jameel Poverty Action Lab（简称 J-PAL），以随机干预实验为主的"实验性方案"致力于减轻全球贫困，目前 J-PAL 已经发展为国际领域最具革命影响力的组织。

随机干预实验在设计时，主要包括以下关键性环节。第一，因果链分析，主要探究和识别干预变量与结果产出之间的因果链条，即结合变革理论分析干预通过哪些途径和方式可以影响结果变量，达到预期的干预效果。第二，明确干预对象，在选取干预对象时，需要结合干预的整体目标和干预措施的性质，决定干预单元是在哪个层面（比如个人层面或者集体层面）上实施。第三，选择随机方法，在决定干预组对象和对照组对象时，需要考虑现实因素，选取适合的随机方法，比如随机推进干预或轮流干预等方式。第四，考虑可能影响项目干预效果的潜在因素。在设计随机干预实验时，需要考虑溢出效应、替代效应等情况的存在，控制或排除其对干预效果的干扰。第五，选择实验规模，选择的样本量的规模大小能在很大程度上判定干预效果能否被显著地识别。选择的样本量规模过小会导致理论上应该有效的干预措施无法在评估中体现其真正的干预效果甚至无法发现干预的有效性。在干预执行时，也应考虑样本流失、干预依从率等问题对实验样本规模的实际损耗，在实验开始前合理计算样本规模。

随机干预实验在实地执行时，通常分为以下三大步骤。第一，进行基线调查。对所有研究对象开展同样的实地问卷访谈和测试以获取观测对象的样本信息，包括观测对象的基本信息、结果产出信息以及可能影响干预效果的相关因素，收集尽可能完整的信息，为下一步进行随机分配提供相关数据支撑。第二，随机分配样本实施干预。基线调查结束后，根据研究方案设计，运用随机分配方法分配纳入干预组和对照组的观测对象，并在分组完成后进行平衡性检验，确保干预组和对照组在统计意义上没有显著性差异。之后，对进入干预组的观测对象进行实验干预，对照组不接受任何干预。在干预过程中，注重监测干预的执行过程，这有利于后续更深入分析干预实施效果。第三，进行评估调查。当干预执行时间达到项目实施周期后，按照追踪方案设计，对所有干预组和对照组观测对象进行一次或多次追踪调查，再次收集观测的结果变量指标，以评估项目干预效果。在评估调查中，需要尽可能地追踪所有观测对象，减少因样本流失造成的样本损耗问题，在分析结果时也需再次进行平衡性检验，确保干预组和对照组流失样本不存在统计意义上的系统性差异，确保追踪样本分析结果的无偏性。

（2）倾向得分匹配法。当随机干预实验无法开展时，需要利用非实验数据或观测数据，采用准实验方法分析干预的影响效果。尽管无法通过实验设计随机分配干预组与对照组，但利用观测数据，我们也可以尝试构建干预组的反事实对照组，为每个接受干预的观测对象找到相似的没有接受干预的观测对象。

倾向得分匹配法的原理，简单来讲，就是通过"匹配"的统计方法，找到一组对照组观测对象，它与实验干预的观测对象在除干预之外的可观察特征变量水平上有相同的取值。我们利用这些控制变量"匹配"接受干预的样本和未接受干预的对照组样本，将干预组与对照组进行"配对"，通过比较干预组和对照组之间结果的平均值的变化，进而估计干预的平均影响效果。

运用倾向得分匹配法的一个关键性假设是研究者可以获取观测对象大量的可观测特征变量信息进行匹配，但仍可能会存在一些同样重要的不可观测变量影响着主要自变量和结果变量。因此，为了通过匹配得到相对无偏的估计，研究者需要梳理与干预变量和结果变量相关的重要可观测变量，并尽可能进行相关数据的收集。倾向得分匹配法的运算步骤大体包括：选择干预前的特征值—计算倾向得分—检测共同支持性—倾向得分的匹配—检查平衡—估计倾向数据的干预效果。

（3）倍差分析法。在寻找"反事实"对照组的过程中，除倾向得分匹配法，我们也可以采用倍差分析法构建干预组的平均结果变化的反事实对照组，通过比较干预前后干预组平均结果的变化和干预前后对照组平均结果的变化，识别干预的影响效果。倍差分析法的核心假定条件为"平行趋势假设"，即如果干预组没有进行实验干预，那么干预组的干预前后变化与对照组的干预前后变化遵循一致的变化趋势，也就是说对照组的平均结果变化代表未经干预的干预组平均"反事实"变化。

由于倍差分析法依赖于在两个或两个以上时间点的干预组和对照组结果变量的变化来识别因果关系，因此其不要求两组样本在可观测特征变量上有相同的特征水平，但必须同时有干预组样本和对照组样本在干预前后的结果变量的观测值。研究者可以利用干预组干预前后结果变量的变化减去对照组干预前后结果变量的变化，通过倍差分析法识别出项目产生的平均干预效果。

第三章　农村小学生阅读能力发展理论基础与文献回顾

　　阅读是人类获取知识的重要途径。存在阅读障碍的读者，不仅会降低阅读兴趣阻碍其阅读能力的充分发展，而且可能无法持久有效地获取知识，影响其长期教育产出及在其他方面的良好发展。2011 年，教育部制定的《义务教育语文课程标准（2011 版）》提出要"重视培养学生广泛的阅读兴趣，扩大阅读面，增加阅读量。加强对阅读的指导，开展各种阅读活动"。良好的社会环境，包括阅读的家庭环境、学校环境等对于青少年个人的成长发展有积极的正向作用，广泛的高质量阅读对中小学生在思想观念、行为规范的塑造等方面具有指导和引导作用，深刻地影响着学生的社会化发展。围绕农村地区学生阅读能力发展主题，我们从理论层面理解学生阅读发展与教育产出相关研究的重要内涵，可为本研究开展相关实证分析提供理论依据与框架。

　　为此，本章主要围绕三大部分内容展开。第一，阐述研究的理论依据与框架，主要涉及人力资本理论的形成与发展、人力资本在经济发展中的重要作用以及教育在人力资本培育中的重要作用；第二，梳理相关文献可知，目前相关文献主要是介绍中国农村地区义务教育现状、学生阅读能力发展对教育产出的重要性以及国际阅读政策的实施经验；第三，简要概括我国近年来与学生阅读发展相关的阅读政策，包括整理陈述阅读政策实施细则和阅读资源投入状况。

第一节　理论基础与理论框架

一　人力资本理论的形成

在确定资本主义生产方式后，18 世纪 60 年代迎来了资本主义产业革命。古典政治经济学的创始人威廉·配第将人的"技艺"列入影响生产要素的第四项重要因素，并且认为教育和培训会提高人的技艺（林森木，1962；弗·谢·阿法纳西耶夫，1984）。古典经济学理论体系的建立者和杰出代表亚当·斯密首次把人的知识、经验和能力等同于机器、工具和建筑物等生产资料，认为它们也是发展生产的必要条件（亚当·斯密，1979）。亚当·斯密揭示了人的知识、经验和能力的生产性资本属性，并认为教育和培训是人们获取知识和能力的一项投资。

19 世纪 40 年代，经济学家对劳动力智力因素的认识越来越清晰。李斯特开始意识到人力资本对生产发展的作用，认为人类的精神资本是由人的智力方面的成果积累构成的（弗里德里希·李斯特，1961）。英国经济学家马歇尔在《教育的经济价值》中提出教育和培训具有经济意义，良好的教育和培训可以提高劳动者的智力活动及其敏捷可靠性，因而对人力进行投资会促进物质财富的增长（弗里德里希·李斯特，1961）。

19 世纪末，新古典经济增长理论的生产函数、资本生产率及边际收入产品等概念，为人力资本理论的形成和发展奠定了理论基础。柯布—道格拉斯生产函数 $P = AC^{\alpha}L^{\beta}$，C 代表资本投入量，L 为一般的劳动投入量，α 和 β 分别为资本和劳动生产量所占比例，表示生产的产量水平来源于一定生产要素组合条件下的生产要素投入。尽管柯布—道格拉斯生产函数认为劳动的投入具有同质性，但也指出劳动的投入数量会影响生产水平。

20 世纪五六十年代人力资本理论形成。美国经济学家西奥多·舒尔茨对人力资本理论的创立做出了重要贡献。1960 年，舒尔茨在《人力资本投资》中指出人力资本是经济迅速增长的主要原因，人的素质的改善是促进国民经济增长的主要标志（西奥多·舒尔茨，1990）。此后，舒尔茨不断加深研究，发表了一系列有关人力资本理论的研究成果。加里·贝克尔在《人力资本》中提出人力资本的投资形式包括教育支出、保健支出、劳动力国内流动的支出和用于移民入境的支出等（加里·贝克尔，2016）。贝克尔认为物质资本和人力资本投资活动的收益率是相等的。除进行理论分析外，贝克尔的经验性分析论证也进一步说明了人力资本投资对就业和收入有重要影响。丹尼森在 20 世纪 60 年代分析经济增长的因素时发现，劳动者教育程度的提高，不仅会促进现阶段的经济发展，而且有利于经济长期发展，教育途径可以改变未来经济增长（North，1963）。

二　人力资本与经济发展

人力资本理论指出，人力资本是指人在成长与发展过程中为获得知识、技能和素质等进行各种投资后形成和积累起来的资本，表现为人的知识、经验水平以及技能熟练程度等。舒尔茨指出，物质资本（比如资金、生产设备）和人力资本均属于资本，都具有资本的属性。但通常在社会生产中，更注重物质资本的投入，忽略人力资本的提高（西奥多·舒尔茨，1990）。与其他资本形式相比，人力资本具有其特殊性。首先，与物质资本相比，人力资本是一种稀缺资源，个人和群体拥有的人力资本在时间上均是有限的。其次，人力资本与物质资本一样具有生产性，是社会生产过程中的重要因素。再次，人力资本存在于人体中，不能被转卖或继承，且需要投资积累。最后，人力资本在创造经济效益的同时，作为社会资源，也会有溢出的社会效益。

舒尔茨认为作为经济增长的投入要素，人力资本的积累是经济增长的重要源泉。人力资本的大量而迅速的积累，会增加资本投入总量，进而促进国民收入的增加（Simeonova-Ganeva，2010）。人力资本与物质资本均具有生产性，在缺乏人力资本投资的情况下，仅进行物质资本的投资无法发挥其最大作用。舒尔茨测算发现战后美国农业生产的增长，80%是由人力资本引起的，物质资本因素仅占20%。人力资本可以促进技术进步，成为影响经济增长的重要因素（西奥多·舒尔茨，1982）。

人力资本理论认为，人力资本在各生产要素的替代中，发挥着越来越重要的作用（靳希斌，2010）。现代经济的发展中，随着产业结构的不断升级与优化，越来越多的产业发展不仅仅依靠自然资源和体力劳动，智力因素即人力资本在产业生产与创造中不断替代其他生产因素，发挥着越来越重要的作用（何枫和冯宗宪，2001；谭俊华等，2004）。克鲁格认为人力资本是造成发达国家与发展中国家收入差距的主要原因，人力资本可以在很大比例上解释人均收入差距的原因（霍华德·帕克和邹性宏，1993）。人力资本理论通过系统论证证实了人力资本对经济增长的重要影响，为当代经济理论开辟了研究的新领域。

（一）教育与人力资本

教育是人力资本形成的一项重要的投资途径。教育会形成与提高劳动者的认知能力、知识水平与劳动力质量，进而提高人力资本水平。教育支出作为消费支出的传统观念已转变为社会生产不可或缺的因素。经济学家明瑟指出，学校教育投资不仅是消费活动，也是一项生产性投资，教育是人力资本形成的主要途径（吴红梅，2001；靳希斌，2010）。舒尔茨认为各国的先天能力是趋近平衡的，但后天获取的能力却有很大差异，教育投资的结果造成了各国人力资本的差距，即文化知识水平、劳动能力等后天获取的差距（西奥多·舒尔茨，1982）。

教育有助于增加个人收入，促进国民收入的提高。教育通过提高人的知识水平与劳动技能，既提高了劳动生产率、促进了经济增长，也提升了获取收入的能力。教育水平相对较高的人，其收入水平也相对较高，可以帮助穷人摆脱贫困陷阱（崔俊富等，2009；沈扬扬，2012；邹薇和郑浩，2014）。1989 年，凯文·墨菲和菲尼斯·韦尔奇的研究证明，过去五十年，美国大学教育促进了美国收入水平的极大提高。萨卡罗普洛斯通过比较 32 个国家的教育收益率进一步揭示了初等教育比中高等教育的教育收益率更高，人力资本在发展中国家发挥了更大作用，发展中国家的人力资本收益率高于物质资本收益率（李锋亮，2005；靳希斌，2010）。世界银行对教育投资收益率的研究也发现一致结果，证实发展中国家的初等教育收益率最高（祝志芬，2011）。

（二）教育与公共产品理论

1954 年萨缪尔森在《公共支出的纯粹理论》中对公共产品的性质进行了探讨分析（Samuelson，1954）。公共产品通常具有两个主要特征：非排他性和非竞争性。非排他性是指公共产品的使用者无法将其他潜在使用者排除在使用者的范围之外，即任何人都可以自由地消费公共产品；非竞争性是指一个人对公共产品的消费不会影响其他人对公共产品的消费，其他使用者消费公共产品的数量和质量不会减少与降低。公共产品的非排他性和非竞争性特点，需要我们设计更有针对性、投入更多的个性化服务。1997 年，世界银行指出，政府需投资公共产品，公共产品与公共服务（如国防、基础教育、公共医疗卫生）应作为政府职能之一（袁琦，2005）。

义务教育的公共产品和公益性的属性，使得政府需要将其作为核心资源进行投入，通过国家财政的再分配实现义务教育的供给与发展（史燕来，2004；郭清扬，2004；祝志芬，2011）。公立学校资源利用长期没有有限责任制度，可能会造成政府提供的资源出现低效率利用的情况，无法保证教育投资内部的经济效益。在教育投资预算有限的情况下，如何有效利用教育经费培养出大规模的高质量人才，是教育经济学研究者关注的问题（靳希斌，2010）。

长期以来，中国的城乡二元发展模式在潜移默化中导致了城市和农村两大利益集团的产生（贺民和杨公安，2013）。在倾向城市发展的国家政策影响下，农村利益集团处于弱势，在争取义务教育资源配置的博弈中，农村教育资源也相对较差，致使城乡教育质量存在差距（吴春霞等，2009；樊继达，2009）。义务教育的监管机制不完善，资源配置过程和配置结果约束不完善，无法实现高效率的义务教育资源配置，容易造成义务教育资源利用效率低的情况（贺民和杨公安，2013）。

第二节　文献综述

一　中国农村地区义务教育现状研究

自 1978 年改革开放以来，经济的快速增长促进中国产业结构不断升级和优化，对人力资本的需求也在不断变化。中国劳动力由以农业劳动力为主不断转向以工业劳动力为主，农业劳动力的比例由 1978 年的 71% 下降为 2014 年的 30%（Li et al.，2017）。为保持经济持续高速增长，跨越"中等收入陷阱"，中国需由以初级体力劳动力投入为主转向以高质量工业劳动力投入为主。农村人力资本储备状况关系着中国经济的未来发展状况。《中国统计年鉴（2017）》指出，截至 2016 年，中国农村人口占 42.7% 的比例，也就是约 6 亿人仍生活在农村地区。《中国教育年鉴（2014）》指出，中国义务教育阶段的学生，生活在农村地区的比例达到 68%，这意味着数千万的未来人力资本生活在农村地区。如此庞大的未来人力资本储备状况将对中国未来经济的持续增长发挥至关重要的作用。

教育作为人力资本投资的重要途径，农村劳动力接受教育的程度和质量至关重要。现有文献发现，相比城市劳动力，农村地区劳动力接受的教育程度较低（Li et al.，2017）。研究发现，2015 年，25 岁至 64 岁农村劳动力获得高中及以上文凭的比例仅为 11.3%，城镇具有高中及以上学历的劳动力占比为 44.1%，远高于农村劳动力比例。文献进一步指出，相比城市地区 21% 的高中毕业生，来自贫困农村地区的学生能够进入大学学习的学生比例仅为 10%（Li et al.，2015）。农村地区的劳动力不仅接受的教育程度相对较低，教育质量也可能远不如城市地区的学生。倾向城市的教育经费投入政策加大了城乡教育质量差距（吕炜等，2015；黄维海，2016；朱德全等，2017）。与城市地区的学生相比，农村地区的学生在学业表现上相对较差（Qian and Smyth，2008；Lai et al.，2009；Kleiman-Weiner et al.，2013；Li et al.，2015）。比如，Mohandas（2000）的研究发现，在标准化数学测试中，农村样本学生测试成绩显著低于城市样本学生的测试成绩。Lai 等（2009）的研究也发现了一致的结果，在标准化 TIMSS 测试中，城市地区的学生比农村地区的学生测试的平均成绩高出一个标准差。

与其他发展中国家的对比分析结果进一步证实，中国未来人力资本的储备状况，尤其是在农村地区的人力资本储备状况不容乐观。2015 年，墨西哥具有本科学历的劳动力比例为 16%，南非比例达到 27%，菲律宾比例为 27%，中国的比例仅为 12.5%（Li et al.，2017）。也有研究进一步指出，中国教育经费的多项投入指标均低于世界平均水平（樊继达，2009）。因此，加大对中国教育质量的关注力度，对提高未来人力资本储备、推动经济持续稳定发展具有重要意义。

二 关于学生阅读能力的文献梳理

阅读与写作能力是现代社会不可或缺的能力，阅读水平不仅影响生活的方方面面，而且是影响学生自主学习和终身学习的重要因素。研究证实，早期阅读能力的充分发展会对学生教育表现产生长期影响（Davis-Kean，2005；Clark and Rumbold，2006；Slavin et al.，2009）。通常认为，阅读会提高人的批判思维能力和阅读理解能力，而批判思维能力和阅读理解能力对学生学习各个学科均至关重要（Thurber et al.，2002；Jordan et al.，2003；Rutherford-Becker and Vanderwood，2009）。丰富的课外阅读知识也利于人际交流沟通，扩展学生知识视野，从而影响学生学业表现。

相关文献进一步指出，阅读能力的发展趋势存在马太效应，好的阅读者会越变越好，差的阅读者会越变越差（Stanovich，1986；Pretorius and Currin，2010）。比如，美国开展的一项评估研究发现，低收入家庭学生和中高收入家庭学生的阅读成绩差距在四年级时仅为 1 个标准差的 25%，而在八年级时阅读成绩差距扩大到 1 个标准差的 65%（Glymph，2011）。更有部分研究指出，阅读能力弱或者不愿意阅读的学生，在学业和生活上取得成功的概率也更小（Slavin et al.，2009）。

令人更加担忧的是，假如学生阅读能力较弱，其学业表现也会受到影响，在学业成绩上很有可能表现较差（Gonzales et al.，2004）。一些研究的实证结果也进一步佐证了这一点。在很多发展中国家，比如土耳其和加纳，学生都表现出相同水平的阅读能力和学业成绩，即学生的阅读能力和学业成绩均比较落后（Grantham-McGregor et al.，2007；Adem and Onder，2011；Martin and Mullis，2013；Owusu-Acheaw，2014）。

尽管没有实证研究佐证中国农村地区学生的阅读能力对其学业表现的影响，但农村地区学生学业表现较差的一个可能原因是农村地区学生的阅读发展较弱。一些既往文献的研究结论表明，农村地区学生的阅读表现仍值得进一步关注。首先，农村地区学生可能缺乏阅读资源。有研究表明，一些欠发达农村地区的学校仍面临着经费紧张、师生比不合理、优质教师资源缺乏等现实困境（Fu，2005；

Guo et al.，2013；Li et al.，2015；Wang and Lewin，2016），可能无法为学生提供优质的阅读资源与阅读环境。

其次，阻碍农村地区学生阅读发展的一个根本性原因可能是竞争性的教育体制产生的学习压力。研究发现，城市地区学生通常会有更好的学业成绩和更高的教育水平。一项调查结果显示，大学生群体中，来自城市地区的学生数量远高于来自农村地区的学生数量（Li et al.，2015）。在如此大的考试压力下，小学至高中阶段的农村学生通常被要求将精力集中在考试大纲的学习要求上（Wang et al.，2020），很少有时间开展课外阅读（庄琴和杜学元，2007；李欣业等，2014；Yue，2016；Wang et al.，2020）。特别是在一些欠发达的偏远农村地区，没有系统性地教授学生阅读技能，一些农村学校甚至不提倡学生进行课外阅读（Gao，2011；Gao et al.，2018；Wang et al.，2020），还没有形成鼓励学生开展课外阅读的教育宣传（孔祥福，2014；田春龙，2015）。一些欠发达的农村地区的教师和家长甚至对课外阅读存在错误认知，他们认为课外阅读占用学生的学习时间，不利于学生的入学考试表现，对课外阅读持消极态度。假设中国农村学生的阅读能力与学业表现相关，那么加大对学生阅读能力的关注力度，分析并促进农村地区学生的阅读能力发展，有助于缩小中国城乡教育的发展差距，最终促进教育的均衡发展。

三 国际阅读政策实施经验

许多国家出台了一系列阅读政策与阅读干预方案，以便更好地促进学生阅读能力的提高，并将阅读能力作为义务教育阶段教育质量评估的核心指标（Slavin et al.，2009；张麒麟，2016；Adler and Fisher，2001；Slavin et al.，2008；Lonigan and Shanahan，2009）。例如，自20世纪90年代后期开始，美国逐渐将阅读教育作为政府和社会关注的重点问题（张燕和洪明，2010），出台了《美国阅读挑战行动报告》（*America Reads Challenge*）、《阅读卓越法》（*Reading*

Excellence Act）等相关阅读政策，发起了"全美阅读运动"、"21世纪社区学习中心"（The 21st Century Community Learning Centers）计划等，号召关注学生阅读能力的发展，为学生提供高质量的图书和阅读指导，为学生阅读兴趣的培养营造良好的社会环境。此后，美国政府相继制定了《不让一个孩子掉队法案》、"儿童阅读优先"计划和"竞争登顶"计划等，每年投入大量阅读专项经费，致力于学生阅读水平的提升，创造全民参与的阅读氛围，引导学生阅读（周仕德，2015）。2006年，俄罗斯颁布《国民阅读扶持与发展纲要》，推进学生阅读，为学生提供针对性的阅读推荐和阅读指导，打造家庭阅读氛围，促进学生阅读兴趣的养成和阅读素养的提升。同时，俄罗斯通过读书基金会、阅读中心和阅读联盟这三大社会力量的联合，保障阅读政策的落地实施和推广（杨新晓和陈殿兵，2018）。英国阅读社（The Reading Agency）这一慈善机构通过联合政府和其他社会组织，举办"国家阅读年"活动和"暑期阅读挑战"活动，帮助学生提高阅读兴趣，提升阅读技能，让学生享受阅读的过程。英国也投入大量财政资金支持这些活动，提升学生的阅读素养（岳春杰，2020）。各个国家都在积极推进全民阅读建设，营造全社会良好的阅读氛围，为学生的阅读素养提升和认知能力发展创造条件。在这个过程中，国家政策不断优化，阅读环境得到改善，阅读理念也不断深入人心，学生的阅读能力也得到了提升。

　　规范的阅读测评对了解学生阅读发展，进而调整与优化阅读政策有重要作用。许多国家或地区逐渐重视阅读测评项目的开展，定期对学生阅读发展水平进行评估（Slavin et al.，2009；陆璟，2012）。根据周佳和叶丽新（2018）的研究，加拿大、澳大利亚、德国、美国、英国、韩国、新加坡和中国香港等已开展相关阅读测评项目，这些测评项目既有相似之处，也各有特色。例如：美国实施国家教育进展评估项目（National Assessment of Educational Program），定期对义务教育阶段的小学生和初中生进行阅读测评，并将测评结果作为评估阅读政策实施效果的重要指标,报告结果针对的是具有相似特征的学生群体(如性别、种族和民族、学校所在地),而不是单个学生(Slavin et al.,2009;周仕德,2015;吕艳波和赵宁宁,2020);英国实施的"国家测评"项目在学生发展的各关键阶段都会根据《国家课程》基础教育质量标准及表现水平对学生进行评价,并将测评结果报告给家长和教师,以便优化学生的学习行为和教师的教学行为并为父母提供孩子的相关信息,同时建立外部评估制度来确保《国家课程》的有效实施(张晓蕾,2012;綦春霞和李孝诚,2012);德国实施的国家教育调查研究(The National Educational Panel Study)是对各阶段学生群体的发展进行动态评估,从特定内容领域(Domain-specific Competence)和元领域(Metacompetence)对学生的阅读能力、数学能力、科学能力、元认知和信息与技术素养进行评估,了解各年龄段学生的发展状况,为教育领域政策的改进提供参考(魏晓东和于海波,2017);我国香港地区则强调"学会学习"和"从阅读中学习",对小学三年级、六年级和中学三年级学生开展系统性评估(Territory-wide System Assessment),涵盖听、说、读、写各方面的能力,为教师和学生进一步提高教学水平和学习水平提供支持(钟展艳和李志厚,2018)。

除各个国家开展的阅读测评项目外,一些国际组织也选择在多个国家或地区间开展大规模阅读测评,以了解不同国家或地区间学生的阅读发展状况和阅读环境及其在国际比较中的发展差距。PIRLS和PISA(Program for International Students Assessment)是目前较为熟知的国际阅读评估项目,分别由国际教育成就评价协会(IEA)、经济合作与发展组织(OECD)定期实施(Martin and Mullis,2013)。其中,PIRLS以评估阅读能力为核心,从2001年开始,围绕四年级小学生,从四个维度评估阅读目的,即关注并提取明确陈述的信息,进行直接推论,解释并整合观点和信息,审查并评价内容、语言和文本要素。PIRLS以学生的阅读素养为重点,同时也关注学生的学校和家庭的阅读环境。而 PISA 关注 15 岁初中生，从 2000 年开始，每三年进行一次测评，主要测试学生的阅读能力、数学能力和科学能力，阅读能力测试的目的聚焦进入与检索、综合与阐释、反思与评价三个维度。PISA 通过这三个维度来测评学生处理信息的能力。

阅读测评及相关实证文献结果证实，发展中国家学生的阅读能力发展水平相对较低，在提高学生阅读能力上面临更大挑战（Yi et al.，2018）。PIRLS 和 PISA 的国际测评结果均表明，发展中国家学生的阅读能力发展水平普遍低于发达国家（Engle et al.，2007；Mullis et al.，2012）。一些研究指出发展中国家学生在阅读资源上也相对较为匮乏，学校和家庭的图书资源有限。有研究指出南非公立学校中拥有较为完备图书馆的比例低于 8%。世界银行于 2007 年在非洲南部和东部的调查发现，大部分小学生在学校缺乏阅读资源（Moloi and Chetty，2010）。发展中国家的图书馆通常主要位于城市地区，农村地区相对较少（Dent and Goodman，2015）。农村地区即使配备图书馆，一些图书馆也缺乏适合学生阅读的图书资源（王会军，2012；张小会，2014）。有研究也表明发展中国家的家庭阅读资源，尤其是针对低收入家庭的阅读资源更为匮乏。Wang 等（2020）的研究发现，很大比例的农村家庭缺乏适合学生阅读的课外读物，较少有家庭会经常为小学生购买课外读物。

为此，一些发展中国家的政府和非政府组织开始实施阅读干预项目，帮助学生解决面临的阅读资源阻碍等难题，促进发展中国家学生的阅读发展。比如：由 Read Educational Trust 组织实施的 "The Learning for Living" 阅读干预项目为南非农村地区的学生免费提供书籍（Roskos et al.，2009）；美国国际开发署（USAID）与非洲加纳教育部门合作，实施阅读干预项目，不断提升学生阅读水平；印度在 2004 年发射的名为 "EDUSAT" 的卫星，专门用于服务国家的教育事业，该卫星覆盖印度每一所学校，即使在最偏远地区的学生也能通过卫星传输阅读到最新的书籍；"上门书箱计划"（Door-to-Door

Boxes Project）也促进了农村地区学生阅读习惯的培养和知识的储备（张春丽和金岳晴，2013）；安娜·林德基金会推出的"阿拉伯儿童文学计划"持续关注地中海及北非地区儿童阅读的推广，在提升儿童阅读兴趣方面发挥了很大作用；南非图书发展委员会和南非艺术文化部联合组织的"全国读书周"项目通过多种阅读活动和阅读指导激发学生的阅读兴趣，使其快乐阅读；加纳图书馆协会发起的图书进校园活动让学生有更多的机会阅读、交流和分享；肯尼亚的"Storymoja"作为由作家们组成的团体组织，发起"Start a Library"运动，通过组织阅读活动激发学生的阅读兴趣，在学校建立图书馆为学生提供更多的阅读机会（郭敏等，2015）。多年来，发展中国家致力于提升国民的受教育水平，在青少年阅读推广和提升方面，政府及各国际组织投入巨大，在阅读指导、图书筛选等方面不断完善相关工作，培养学生的阅读习惯，提升其阅读能力。

第三节　我国阅读政策

一　近年来阅读相关政策

推广未成年人阅读是教育事业发展与社会文明进步的重要途径。基于此，国家为更好地推进"全民阅读"，尤其是更好地促进未成年人阅读习惯的养成和阅读能力的提升（李武等，2018），在未成年人阅读资源、阅读服务以及阅读环境等方面有针对性地提出政策建议和指引。

大多数关于阅读方面的政策主要围绕"全民阅读"活动展开，指出要积极推进全社会形成良好的阅读氛围，重点关注未成年人阅读能力的发展，通过中小学图书角、图书室、图书馆等的建设和设置、中小学生阅读书目的推荐、中小学生阅读指导等举措，全面影响未成年人的阅读思想和理念，满足未成年人的阅读需求；通过有效利用各类公共文化设施，提升图书资源的利用率，促进未成年人德智体美劳全面发展（见表 3 - 1）。

自 2010 年起，政府针对未成年人进行阅读推广方面的政策和举措在不断出台和更新，2010 年 7 月，《国家中长期教育改革和发展规划纲要（2010—2020 年）》发布，要求重点保证义务教育的均衡发展、均衡配置图书等资源。同年 10 月，党的十七届五中全会提出要推动文化大发展大繁荣，提升国家文化软实力，深化文化体制改革。未成年人作为文化发展的重点对象，无论是家庭、学校还是社会，都承担着保障其阅读权益的责任。

"全民阅读"工程的正式推出，更进一步地将视线聚焦于未成年人群体。一方面，2010 年，新闻出版总署向全国青少年推荐百种优秀图书，引导青少年健康阅读，对于青少年价值取向的发展和价值观的形成具有积极的作用，进而影响其社会化。另一方面，2011年，《新闻出版业"十二五"时期发展规划》提出以推动儿童阅读与青少年阅读、满足特殊群体阅读需求为重点，开展儿童"阅读起跑线"和阅读援助活动。同时，《中国儿童发展纲要（2011—2020）》强调要增加儿童的阅读时间和阅读量，保证90%以上的儿童每年至少阅读一本图书，推广面向儿童的图书分级制，为不同年龄儿童提供适合其年龄特点的图书。2012 年，《国家中长期语言文字事业改革和发展规划纲要（2012—2020 年）》同样指出要培养幼儿和中小学生的阅读兴趣，使其养成良好阅读的习惯，提升其语言文字的综合运用能力。从阅读内容的筛选到阅读活动的开展，各项政策持续推进未成年人阅读理念的深入和实践，对未成年人阅读兴趣的培养和阅读习惯的养成具有重要意义。

在未成年人阅读服务方面，各级政策主要从促进未成年人阅读相关基础设施建设方面提供指引和支持。2015 年，《教育部　文化部　国家新闻出版广电总局关于加强新时期中小学图书馆建设与应用工作的意见》强调有条件地区要按照学校建设标准补充新建图书馆，改善不达标图书馆，加大中小学特别是农村中小学图书馆建设的力度，在 2020 年实现绝大部分中小学有国家标准的图书馆。图书馆作为社会公益性文化教育机构，在提供未成年人阅读服务工作中发挥着重要作用，少年儿童图书馆、中小学图书馆、公共图书馆三类图书馆是我国为未成年人提供阅读服务的主要机构（李梦竹等，2021），图书馆的建设在推进全民阅读、拓展未成年人阅读资源获取途径以及满足其阅读需求方面发挥着重要作用。

在"全民阅读"上升到国家战略高度的背景下，各类未成年人专项阅读活动的开展，为培养其阅读兴趣和阅读习惯、满足阅读需求提供了科学的指导，进一步保护了未成年人的阅读权利，提升了对未成年人阅读服务的水平。2016 年，国家新闻出版广电总局印发的《全民阅读"十三五"时期发展规划》提出要坚持少儿优先，将保障和促进少年儿童阅读作为全民阅读工作的重点，开展少年儿童阅读工程，包括家庭阅读·亲子阅读工程、少儿阶梯阅读推广、"书香校园"建设和"少儿报刊阅读季"活动。2017 年，文化部印发的《"十三五"时期全国公共图书馆事业发展规划》提出要加强对少年儿童的阅读服务和指导，推进公共图书馆与独立建制少儿图书馆的阅读资源共享，提出全国少年儿童图书馆阅读提升计划，举办"全国少年儿童阅读年"系列活动等。基于此，国家和政府在未成年人阅读服务体系方面的举措进一步优化，最大限度地促进未成年人阅读习惯的养成和阅读素养的提升。

图书馆等基础文化设施的建设和管理制度的不断完善，进一步改善了未成年人的阅读环境。2017 年，《中华人民共和国公共图书馆法》指出政府设立的公共图书馆应当设置少年儿童阅览区域，并配备相应的专业人员，开展面向少年儿童的阅读指导和社会教育活动。2018 年，教育部印发的《中小学图书馆（室）规程》明确规定了中小学图书馆（室）的藏书量、藏书分类比例表、设备及人员的配置等，要求完善图书馆的各项管理和书籍数据更新系统。2019

年，教育部印发的《2019 年全国中小学图书馆（室）推荐书目》要求各学校图书馆（室）应当做好阅览、外借、宣传推荐等服务工作。2020 年修订的《中华人民共和国未成年人保护法》规定图书馆应当对未成年人免费开放，鼓励公共场馆开设未成年人专场，为未成年人提供有针对性的服务。截至 2020 年，法律规定了未成年人在公共图书馆的阅读权利，为未成年人使用公共图书资源提供了法律保障，同时，中小学图书馆（室）的管理和书籍更新设置也进一步规范化，未成年人阅读服务体系更加完善。

根据 2021 年教育部最新政策，《中小学生课外读物进校园管理办法》指出中小学校要大力倡导学生爱读书、读好书、善读书，可设立读书节、读书角等，优化校园阅读环境，推动书香校园建设。校园阅读环境的建设深刻影响着学生的阅读理念，国家在未成年人阅读推广方面的宣传和政策，促使各学校更加重视对学生阅读习惯的培养和阅读能力的训练。阅读活动的广泛开展和经典书目的阅读推荐，对于学生文学素养的培养和价值观的形成具有积极的引导作用。

表 3 - 1　　2010~2020 年我国国家层面颁布的涉及未成年人阅读推广
工作的政策（部分）

序号	名称	发布部门	发布日期
1	《关于开展 2010 年向全国青少年推荐百种优秀图书活动的通知》	新闻出版总署	2010.01.12
2	《关于开展 2010 年向全国青少年推荐优秀少儿报刊活动的通知》	新闻出版总署	2010.02.23
3	《2010 年全民阅读活动行动计划》	中共中央宣传部、中央文明办、新闻出版总署	2010.04.14
4	《新闻出版业"十二五"时期发展规划》	新闻出版总署	2011.04.20
5	《中国儿童发展纲要（2011—2020）》	国务院	2011.07.30

续表

序号	名称	发布部门	发布日期
6	《国家"十二五"时期文化改革发展规划纲要》	中共中央办公厅、国务院办公厅	2012.2.15
7	《关于深入开展全民阅读活动努力建设"书香中国"的通知》	新闻出版总署	2012.03.22
8	《国家中长期语言文字事业改革和发展规划纲要（2012—2020 年）》	教育部、国家语委	2012.12.04
9	《关于开展 2013 年全民阅读活动的通知》	新闻出版总署	2013.03.15
10	《关于开展"百社千校书香童年"阅读活动的通知》	国家新闻出版广电总局	2014.05.16
11	《关于 2014 年暑期开展"我的书屋，我的梦"农村少年儿童阅读活动的通知》	国家新闻出版广电总局、教育部	2014.06.30
12	《关于做好 2015 年主题出版工作的通知》	中共中央宣传部、国家新闻出版广电总局	2015.03.26
13	《教育部 文化部 国家新闻出版广电总局关于加强新时期中小学图书馆建设与应用工作的意见》	教育部、文化部、国家新闻出版广电总局	2015.05.20
14	《关于公布"2015 年全民数字阅读"重点专题活动的通知》	国家新闻出版广电总局	2015.06.30
15	《关于报送 2016 年图书、音像电子出版物出版计划的通知》	国家新闻出版广电总局	2015.12.15
16	《国家语言文字事业"十三五"发展规划》	教育部、国家语委	2016.08.23
17	《全民阅读"十三五"时期发展规划》	国家新闻出版广电总局	2016.12.17
18	《中华人民共和国公共文化服务保障法》	全国人大常委会	2016.12.25
19	《关于实施中华优秀传统文化传承发展工程的意见》	中共中央办公厅、国务院办公厅	2017.01.25
20	《关于开展 2017 年"少儿报刊阅读季"活动的通知》	国家新闻出版广电总局	2017.03.07

续表

序号	名称	发布部门	发布日期
21	《"十三五"时期全国公共图书馆事业发展规划》	文化部	2017.07.07
22	《中华人民共和国公共图书馆法》	全国人大常委会	2017.11.04
23	《关于组织开展 2018 年"书香中国·阅读有我"活动的通知》	中国残疾人联合会、文化和旅游部、国家新闻出版署	2018.05.23
24	《中小学图书馆（室）规程》	教育部	2018.05.28
25	《中华经典诵读工程实施方案》	教育部、国家语委	2018.09.25
26	《2019 年全国中小学图书馆（室）推荐书目》	教育部	2019.10.22
27	《中小学生阅读指导目录（2020 年版）》	教育部	2020.04.22
28	《中华人民共和国未成年人保护法》	全国人大常委会	2020.10.17
29	《中小学生课外读物进校园管理办法》	教育部	2021.3.31

资料来源：李梦竹等：《我国未成年人阅读推广政策研究（1980—2020）——基于国家层面相关政策文本分析》，《图书馆理论与实践》2021 年第 4 期。

二　我国相关阅读资源投入

通过上述对阅读政策的梳理和对关于未成年人的阅读权利的保障、未成年人阅读服务体系的完善等措施的总结，我们发现国家对未成年人阅读推广工作的重视，与阅读相关的举措不断得到优化升级，并在切实积极促进相关政策的落地实施。随着未成年人阅读领域政策的不断出台和更新，国家和各地方在图书馆等基础设施的建设、阅读资源的完善丰富、电子阅读平台的建设推广等方面的投入也在不断加深。2001～2015 年，全国公共图书馆机构数的年均增速为1.09%，全国公共图书馆图书总藏量和人均图书藏量分别为 5.10% 和4.54%，在国家财政大规模投入的推动下，我国公共图书馆事业建设取得了长足进步（傅才武和岳楠，2018）。

在资金支持方面，2013 年，财政部和文化部联合印发的《中央补助地方美术馆、公共图书馆、文化馆（站）免费开放专项资金管理暂行办法》规定了中央财政对地市级公共图书馆每馆每年50万元的补助标准和县级公共图书馆每馆每年20万元的补助标准。

在公共文化设施的建设投入方面，如表3–2所示，2010~2019年，我国公共图书馆和少儿图书馆的数量都在不断增加，分别增加了312个和31个；2014~2019年，公共图书馆的少儿文献数量共增加了1倍多；2010~2019年，少儿图书馆的藏书量也增加了1倍多；从业人员人数整体增多；儿童读物的种类也更加丰富。总之，未成年人可接触的文化产品越来越丰富，接受的文化服务越来越完善，公共文化事业不断发展。

表 3－2　2010~2019 年儿童读物数量和图书馆建设情况

年份	儿童期刊		儿童图书		公共图书馆数（个）	其中，少儿文献数量（万册）	少儿图书馆数（个）	其中，藏书量（万册）	其中，从业人数（人）
	种类（种）	出版数量（亿册）	种类（万种）	出版数量（亿册）					
2010					2884		97	2159	2121
2013	144	4.1	3.2	4.6	3112		105	3165	2170
2014	209	5.2	3.3	5	3117	6377	108	3392	2201
2015	209	5.4	3.7	5.6	3139	7371	113	3698	2262
2016	212	5.1	4.4	7.8	3153	8597	122	4231	2510
2017	211	4.5	4.2	8.2	3166	9999.6	122	4369	2544
2018			4.4	8.9	3176	11465.8	123	4635	2531
2019	206	3.8	4.4	9.5	3196	13000	128	5000	2520

资料来源：《中华人民共和国2010年国民经济和社会发展统计公报》、2013~2014年《〈中国儿童发展纲要（2011—2020年）〉实施情况统计报告》、《〈中国儿童发展纲要（2011—2020年）〉中期统计监测报告》、2016~2019年《〈中国儿童发展纲要（2011—2020年）〉统计监测报告》和国家统计局年度数据。

根据《中华人民共和国文化和旅游部2020年文化和旅游发展统

计公报》，截至 2020 年末，全国共有公共图书馆 3212 个，比上年末增加 16 个；全国公共图书馆实际使用房屋建筑面积 1785.77 万平方米，比上年末增长 12.2%；全国图书总藏量 117929.99 万册，增长 6.1%；全国人均图书藏量 0.84 册，增加 0.05 册。2011～2020 年，我国的人均公共图书馆藏量和平均每万人公共图书馆建筑面积呈现逐年增长的趋势（见图 3-1）。

图 3-1　2011～2020 年全国公共图书馆人均资源情况

资料来源：《中华人民共和国文化和旅游部 2020 年文化和旅游发展统计公报》，中华人民共和国文化和旅游部官网，2021 年 7 月 5 日，http://zwgk.mct.gov.cn/zfxxgkml/tjxx/202107/t20210705_926206.html。

　　在电子阅读的推进方面，随着互联网技术与信息技术不断更迭，数字化阅读已成为年轻一代当下的主要阅读方式且呈现低龄化趋势，儿童选择数字化阅读的倾向尤为明显（昌隽如，2019）。近年来，国家在全国范围内大力实施全国文化共享工程和数字图书馆推广工程，积累了近 1000TB 的数字资源，并通过网络及服务平台实现数字资源的共建共享（汪雁，2016）。2020 年 2 月，教育部开通了国家中小学网络云平台，提供大量电子书籍免费供学生阅读。公共图书馆和各中小学图书馆（室）都在推进电子阅读平台的搭建和使用工作。

　　阅读政策的出台推进了各地方政府在公共文化产业上的投入，随着"全民阅读"活动的深入开展，未成年人的阅读服务体系进一步得到完善。图书馆等基础设施不断增加，优秀的图书作品在种类和内容上更加丰富，为未成年人阅读需求的满足提供了更多的机会。数字阅读的发展为未成年人获取阅读资源提供了便利，提升了未成年人的阅读体验。全社会为未成年人的阅读发展创造了良好的条件，通过政策指导、资金投入和服务优化等共同引导其健康成长。

第四章 农村小学生阅读能力
发展实证分析[*]

  尽管近年来我国政府不断加大对学生阅读发展的投入力度，但现有文献中有关中国农村地区学生阅读表现的实证研究较少，更缺乏大规模实证研究评估农村地区学生阅读能力的发展状况（Cromley，2009；Ning et al.，2016）。现有文献中有关中国学生阅读能力的研究主要集中在一些经济发展水平较高的城市地区，这些研究结果表明城市地区的样本学生阅读能力发展水平较好。但考虑到城市地区，尤其是发达城市地区与农村地区有较大差距，相关研究结果在中国农村地区仍缺乏借鉴意义。

  尽管几乎很少有研究实证评估农村地区学生的阅读能力发展水平，但一些已有研究结果的发现，依然让我们对农村地区学生的阅读能力发展存在担忧。众多学者对农村地区学生的阅读行为表现进行了实证调查，调查结果表明，与城市地区学生相比，农村地区学生的阅读行为表现仍有欠缺，阅读频率极少，亟待改善（Yi et al.，2018）。例如，一项针对 7 个城市地区的调查结果显示，有超过 70% 的样本小学生的阅读时间超过半个小时，接近 3/4 的样本小学生从 2

---

  [*] 如果读者感兴趣，与本章相关内容可参考：Gao, Q., Wang, H., Chang, F., Yi, H., Shi, Y., "Reading Achievement in China's Rural Primary Schools: A Study of Three Provinces", *Educational Studies* 47（3），2021，pp. 344 – 368。

岁开始进行持续性阅读（李丽萍，2016）。然而，一些农村地区的实证研究发现农村地区学生很少进行阅读。在中国西部两个学校的一项调查发现，大约2/3的农村小学生每天阅读时间不超过15分钟（庄琴和杜学元，2007）。另一项在东北地区三个县的实证调查显示，约50%的学生每天阅读时间不超过半个小时，38%的学生几乎没有开展任何阅读活动（李欣业等，2014）。阅读行为表现较弱，阅读时间较少，会不利于农村地区学生阅读能力的健康发展，因此需开展实证评估来量化分析农村地区学生的阅读能力发展现状。

为此，本章利用实证调查数据，对以下问题进行了实证分析：首先，了解样本三省份，即陕西省、贵州省和江西省农村样本学生的阅读行为表现和阅读能力发展状况及在不同地区的分布差异性；其次，将样本地区学生与参与PIRLS测试的国家或地区的学生进行对比分析，在国际对比中摸清样本地区学生的阅读能力发展差距；再次，分析学生阅读能力发展状况在不同特征群体中的差异性，识别阅读发展处于弱势、需进一步关注的群体；最后，实证检验学生阅读能力测试成绩与学业表现测试成绩的相关关系，更加深入理解学生阅读能力发展的重要性。

第一节　数据收集与计量模型

一　样本选择与数据收集

本节使用了在陕西省、贵州省和江西省多轮调查中收集的203所样本学校的23143名小学生的数据。如表4-1所示，在总体样本中，5900名小学生来自陕西省的68所样本学校，2778名小学生来自贵州省的15所样本学校，14465名小学生来自江西省的120所学校。细分到年级层面可以看出，陕西省和贵州省三至六年级学生均参与了测试；江西省仅四至六年级学生参与了测试，三年级没有作为观测样本。从参与的测试类型来看，陕西省样本学生中，一部分学生参与了阅读测试与语文测试（2610 名），另一部分学生仅参与了数学测试（3290 名）；贵州省和江西省所有样本学生均参与了阅读测试（17243 名），并随机被安排参与了语文测试或数学测试中的任意一门测试（数学测试共计 9011 名，语文测试共计 6313 名）。

表 4 - 1　样本地区样本量描述

单位：名

样本地区	数据 A：阅读测试学生数				
	合计	三年级	四年级	五年级	六年级
总样本	19853	1343	6727	7031	4752
陕西省	2610	614	696	668	632
贵州省	2778	729	652	664	733
江西省	14465	—	5379	5699	3387
数据 B：数学测试学生数					
总样本	12301	2001	3400	3795	3105
陕西省	3290	1627	366	607	690
贵州省	1769	374	326	336	733
江西省	7242	—	2708	2852	1682
数据 C：语文测试学生数					
总样本	8923	892	3626	3773	632
陕西省	2610	614	696	668	632
贵州省	796	278	260	258	—
江西省	5517	—	2670	2847	—

注：在江西省，研究仅收集了四年级至六年级学生的数据信息。本节中的样本学生均未进行项目团队实施的阅读项目干预（非干预实施后结果），排除了贵州省 15 所进行阅读干预的学校，即排除了第六章所述的阅读干预的影响。

资料来源：作者调查。

本节主要收集两部分信息。第一部分，研究主要收集学生的阅读行为、阅读能力和学业表现结果变量信息。在学生的阅读行为方面，主要通过江西省和贵州省样本学生收集，收集的具体信息包括学生每天课外阅读时间达到 30 分钟的比例、学生至少每月会和朋友讨论阅读书籍的比例、学生至少每月会从朋友那里借阅图书的比例、学生和家长进行家庭阅读活动的频率和得分，其中家庭阅读活动情况包括家长听孩子朗读、与孩子谈论家长做过的事情、与孩子谈论孩子自己做过的事情、与孩子谈论孩子上课阅读的内容、与孩子去图书馆或书店、陪孩子做学校布置的阅读作业、陪孩子阅读或读书给孩子听、给孩子讲故事以及与孩子聊天的频率这 9 种类型。学生阅读成绩、数学成绩和语文成绩均通过标准化测试收集，并基于分析需要对成绩进行了标准化换算，本部分主要使用学生的标准化测试成绩。在学生阅读能力测试中，除评估学生的总测试成绩外，本研究参考 PIRLS 指南将阅读测试成绩按不同类型进行细分，按照阅读目的划分为"获取和使用信息能力"测试得分和"文学体验能力"测试得分，按照阅读理解过程可以划分为"评价内容和语言能力"测试得分、"关注并提取具体信息能力"测试得分、"解释并整合观点能力"测试得分和"直接推论能力"测试得分（Mullis et al.，2012）。

第二部分，为分析学生阅读行为和阅读能力在不同特征学生群体中是否存在差异，研究也关注了学生个人及其家庭背景特征变量信息。在陕西省、贵州省与江西省收集的相同变量信息包括样本学生的性别、年龄和年级。在江西省与贵州省样本地区，研究团队还收集了学生住校情况和学生家庭资产指标信息。为收集学生家庭资产指标信息，在学生问卷访谈中学生报告了家庭设备的配置情况，主要涉及以下 8 类设备：小轿车、微波炉、冰箱、照相机、计算机、无线网络、空调和抽水马桶。基于上述设备的配置情况，我们运用主成分分析方法（Principal Component Analysis，PCA）构建家庭资产指标变量（Kolenikov and Angeles，2009）。在陕西省样本地区，本研究收集了学生的户籍信息和户籍类型。在陕西省样本学生中，总共 1095 名学生是城市户籍类型，4805 名学生是农村户籍类型。需要说明的是，所有贵州省和江西省样本学生均为农村户籍类型。对样本学生的数据特征描述见表 4 - 2。

二　计量模型

为实证检验学生阅读能力与学业表现之间的相关关系，我们使用最小二乘法（OLS）将学生阅读测试成绩分别与结果变量数学测试成绩、语文测试成绩进行回归分析。构建的回归模型具体如下：

$$Y_{ijc} = \alpha + \beta R_{ijc} + \gamma X_{ijc} + \varepsilon_{ijc} \qquad (4-1)$$

Y_{ijc} 代表学校 j 班级 c 的样本学生 i 的学业表现，即标准化数学测试成绩或标准化语文测试成绩，R_{ijc} 代表样本学生 i 的标准化阅读测试成绩。为提高回归估计的准确性，我们在另一回归模型中加入一系列的控制变量 X_{ijc}，包括学生性别、学生年龄、学生年级、住校情况和家庭资产状况。回归模型中，系数 β 代表学生阅读能力测试成绩和学业表现（数学成绩、语文成绩）之间的相关系数。

除对学生阅读能力与学业表现之间的相关性进行分析外，本研究进一步检验阅读能力测试成绩在不同学生群体中是否存在显著性差异，即哪些特征群体的样本学生在阅读发展中面临更大的障碍。为了解学生阅读成绩在不同特征群体中的变化差异，本研究使用以下 OLS 回归模型：

$$Y_{ijc} = \alpha_0 + \beta_0 P_i + \gamma_0 X_{ijc} + \varepsilon_{ijc} \qquad (4-2)$$

在式（4 - 2）中，Y_{ijc} 代表学校 j 班级 c 的样本学生 i 的标准化阅读测试成绩，P_i 代表可观测特征变量信息，包括学生性别、户籍类型和住校情况。X_{ijc} 用于控制学生年龄和年级特征。在该回归模型中，系数 β_0 用于评估学生阅读能力测试成绩和学生特征变量之间的相关关系。在回归模型中，我们也调整了班级层面的聚类标准误。

三　样本描述分析

对总体样本数据和陕西省、贵州省与江西省三省份的分样本数据的统计描述见表4－2。从表4－2可以看出，总样本中52%的学生为男性，男女性别比与全国总人口性别比较为一致，2015年全国总人口中男性占比为51%（国家统计局，2016）。将整体样本划分成陕西省、贵州省与江西省三省份的分样本分析发现，各省性别比均与国家整体平均状况较为一致。具体来讲，陕西省样本学生中55%为男性，贵州省样本学生中52%为男性，江西省样本学生中52%为男性。总体样本中，小学生的平均年龄为11.35岁，学生年龄范围为7～16岁。除此之外，在贵州省和江西省样本学生中，贵州省有7%的样本学生为住校生，江西省有10%的样本学生为住校生。而陕西省的城市户籍与农村户籍比例为：19%的样本学生为城市户籍，81%的样本学生为农村户籍。江西省和贵州省样本学生都生活在贫困农村地区，均为农村户籍。

表4－2　样本地区农村学生基本特征描述

变量	平均值	标准差	最小值	最大值
总样本（n＝23143）				
性别（1＝男）	0.52	0.50	0.00	1.00
年龄	11.35	1.19	7.00	16.00
贵州省和江西省（n＝17243）				
学生是否住校（1＝是）	0.10	0.30	0.00	1.00
家庭资产（1＝低于中位数）	0.67	0.47	0.00	1.00
陕西省（n＝5900）				
性别（1＝男）	0.55	0.50	0.00	1.00
年龄	10.80	1.28	7.00	15.00
户籍类型（1＝农村户籍）	0.81	0.39	0.00	1.00
贵州省（n＝2778）				
性别（1＝男）	0.52	0.50	0.00	1.00
年龄	11.45	1.52	7.00	16.00

变量	平均值	标准差	最小值	最大值
学生是否住校（1＝是）	0.07	0.26	0.00	1.00
家庭资产（1＝低于中位数）	0.70	0.46	0.00	1.00
江西省（$n = 14465$）				
性别（1＝男）	0.52	0.50	0.00	1.00
年龄	11.43	1.07	7.00	16.00
学生是否住校（1＝是）	0.10	0.30	0.00	1.00
家庭资产（1＝低于中位数）	0.66	0.47	0.00	1.00

注：在陕西省、贵州省和江西省，本研究均收集了学生性别与年龄信息，但仅在陕西省收集了学生户籍信息，仅在贵州省和江西省收集了学生的家庭资产信息和学生住校信息。

资料来源：作者调查。

第二节　不同地区学生的阅读行为与阅读能力

一　不同地区学生的阅读行为表现

图 4 - 1 研究结果显示，农村地区样本学生进行课外阅读的时间与频率较少。基于贵州省和江西省样本学生的实证调查结果显示，在调研时间的该学期中，仅 17.9% 的样本学生在学校有阅读课，部分学校没有开设专门的阅读课。从学生进行课外阅读的时间与频率来看，超过一半（56.2%）的样本学生每天进行课外阅读的时间不足 30 分钟，仅 59.1% 的样本学生至少每月会在家里看一次课外书。在学校，仅 25.3% 的学生至少每月从学校图书馆借阅课外书，仅 17.9% 的样本学生在该学期参与过学校举办的阅读活动。

从图 4 - 1 可知，与江西省相比，贵州省样本学生在阅读表现上相对较好。具体而言，约 40% 的贵州省样本学生上过阅读课，在江西省这一比例仅为 13.5%。超过一半（51.8%）的贵州省样本学生每天进行课外阅读的时间达到 30 分钟，这一比例高于江西省。在贵州省样本学生中，至少每月从学校图书馆借阅课外书的比例、参与过学校举办的阅读活动的比例分别为 54.3% 和 40.6%，也远高于江西省样本学生在这两项指标上的比例（均低于 20%）。

除分析学生自己进行阅读的行为表现，我们也刻画了样本学生与朋友间在该学期的阅读互动情况（见图 4 - 2）。整体上，与朋友每月进行阅读交流的样本学生比例不足 45%，其中至少每月会和朋友讨论课外书的样本学生比例仅为 43.0%，至少每月会和朋友一起读阅读课外书的比例仅为 40.3%。仅 51.3% 的样本学生从朋友那里借阅课外书的频率能达到每月至少一次。从分省情况可以看出，贵州省样本学生在阅读互动交流方面也比江西省样本学生表现更好，超过一半的贵州省样本学生至少每月会与朋友讨论课外书（52.8%）或与朋友一起阅读课外书（53.2%）。

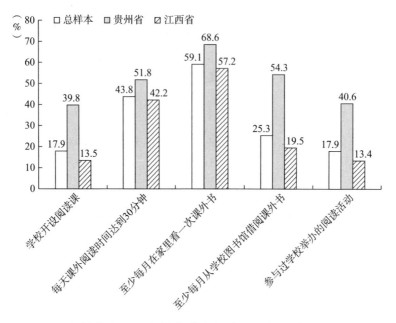

图 4 - 1　贵州省和江西省样本学生阅读时间与阅读频率分布比例

最后，考虑到家长与小学生的阅读互动情况是小学生进行阅读的重要部分，因此表 4 - 3 描述分析了贵州省和江西省样本学生和家

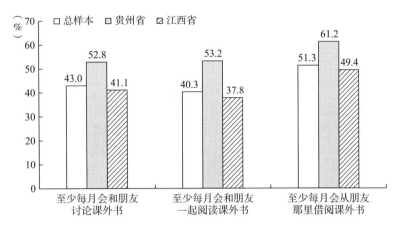

图 4-2　贵州省和江西省样本学生与朋友阅读互动的行为表现

长开展家庭阅读活动的情况。本研究主要包含表 4-3 中涉及的 9 种类型的家庭阅读活动，总体而言，样本地区家长与学生进行家庭阅读活动的频率较低。34.4% 的样本学生家长至少每周能听孩子朗读，32.1% 的学生家长至少每周能与孩子谈论孩子上课阅读的内容。仅13.3% 的样本学生家长至少每周能和孩子去一次图书馆或书店，约1/3（30.3%）的样本学生家长至少每周能陪孩子一起做阅读作业，不到 20% 的样本学生家长至少每周能陪孩子阅读或者读书给孩子听。分省划分后，贵州省样本地区家长和学生进行家庭阅读交流的频率明显高于江西省样本地区受访对象。比如，在每周听孩子朗读、谈论孩子上课阅读的内容、陪孩子做阅读作业方面，贵州省样本地区家长和学生之间能做到每周至少一次的比例明显高于江西省样本地区。

表 4-3　贵州省和江西省样本学生和家长开展家庭阅读活动的情况

单位：%

家庭阅读活动类型	百分比		
	总样本	贵州省	江西省
1. 家长至少每周能听孩子朗读	34.4	51.1	31.0

家庭阅读活动类型	百分比		
	总样本	贵州省	江西省
2. 家长至少每周能与孩子谈论家长做过的事情	40.3	42.9	39.7
3. 家长至少每周能与孩子谈论孩子自己做过的事情	40.9	44.6	40.2
4. 家长至少每周能与孩子谈论孩子上课阅读的内容	32.1	44.8	29.5
5. 家长至少每周能与孩子去图书馆或书店	13.3	17.5	12.4
6. 家长至少每周能陪孩子做学校布置的阅读作业	30.3	42.2	27.9
7. 家长至少每周能陪孩子阅读或读书给孩子听	19.0	25.8	17.6
8. 家长至少每周能给孩子讲故事	13.8	18.5	12.9
9. 家长至少每周能与孩子聊天	63.8	52.4	66.2

资料来源：作者调查。

二 不同地区学生的阅读能力测试成绩

为了解中国农村地区学生阅读能力的发展现状，我们分析了陕西省、贵州省和江西省三省份农村样本地区学生的标准化阅读测试成绩（见表4-4）。对比分析结果发现，整体上，陕西省学生的阅读测试成绩高于贵州省和江西省学生的阅读测试成绩。陕西省样本学生的平均标准化阅读测试成绩比贵州省样本学生的平均标准化阅读测试成绩高出0.55个标准差，比江西省样本学生的平均标准化阅读测试成绩高出0.72个标准差（显著性在1%水平下）。除此之外，贵州省样本学生的平均标准化阅读测试成绩比江西省样本学生的平均标准化阅读测试成绩高出0.16个标准差（显著性在5%水平下）。在三个样本省份中，江西省样本学生的平均标准化阅读测试成绩最低。

为更好地了解陕西省、贵州省和江西省三省份样本学生的阅读能力测试成绩差距是从几年级开始的，我们进一步按照学生年级划分分析学生阅读测试成绩差距（见表4-4）。总体而言，陕西省各年级样本学生的阅读测试成绩明显高于贵州省和江西省样本学生的阅读测试成绩。对比分析贵州省与江西省样本学生的阅读测试成绩发现，尽管贵州省样本学生的平均标准化阅读测试成绩高于江西省样本学生的平均标准化阅读测试成绩，但成绩差异整体上没有统计意义上的显著性。但是，贵州省五年级样本学生的阅读测试成绩明显高于江西省五年级样本学生的阅读测试成绩，平均高出0.52个标准差，且成绩差异在1%的显著性水平下显著。

将阅读测试成绩按照阅读目的进行细分，对比分析在"获取和使用信息能力"维度和"文学体验能力"维度上的阅读测试成绩，结果与总成绩结果一致，陕西省样本学生测试成绩显著高于贵州省和江西省样本学生测试成绩。具体来看，在表4-5中，与贵州省样本学生相比，陕西省除五年级学生外，在"获取和使用信息能力"维度上阅读测试成绩均具有显著性差异，且在"文学体验能力"维度上陕西省所有年级样本学生的阅读测试成绩均显著性更高。但与江西省样本学生相比，陕西省各年级样本学生在"获取和使用信息能力"和"文学体验能力"维度上阅读测试成绩均显著性更高，差异超过0.5个标准差（显著性在1%水平下）。对比分析贵州省和江西省样本学生，在"获取和使用信息能力"和"文学体验能力"维度上，贵州省和江西省样本学生的阅读测试成绩差异性较小（显著性在1%水平下）。

按照阅读理解过程将阅读成绩进行细分后发现，在"评价内容和语言能力"、"关注并提取具体信息能力"、"解释并整合观点能力"和"直接推论能力"四个维度上，从表4-6中可知，陕西省各年级样本学生的阅读测试成绩均比贵州省和江西省样本学生的阅读测试成绩显著性更高，且显著性在1%统计水平下。贵州省和江西省样本学生的阅读测试成绩在"评价内容和语言能力"、"关注并提取具体信息能力"、"解释并整合观点能力"和"直接推论能力"四个维度上也存在差异，贵州省学生的阅读测试成绩比江西省的学生略好，有显著性差异。因此，无论是从总成绩还是分类阅读测试成绩看，我们都能得出一致的结论，中国不同农村地区的学生阅读发展现状仍存在较大差异，在三个样本省份中，陕西省样本学生的阅读表现比贵州省和江西省学生的阅读表现更好。

上述研究结果表明，陕西省样本学生的阅读测试成绩显著高于贵州省和江西省样本学生的阅读测试成绩，尽管缺乏相关实证数据的深入调查，我们还是尝试分析促使陕西省样本学生的阅读测试成绩相对较高的因素。文献研究结果证实，学生的阅读表现与家庭教育资源有密切关系，因此我们怀疑陕西省样本学生阅读测试成绩相对较高的可能的原因或者部分可能的原因是陕西省一部分样本学生有城市户籍，这些有城市户籍的样本学生很有可能来自相对富裕的家庭。为此，我们尝试将陕西省城市户籍的样本学生排除在样本范围外，仅对三省农村户籍的样本学生进行对比分析。如表4-7的数据分析结果所示，陕西省农村户籍的样本学生的阅读测试成绩依然显著性地高于贵州省和江西省农村户籍的样本学生的阅读测试成绩。换言之，陕西省样本学生阅读测试成绩高于贵州省和江西省样本学生阅读测试成绩的原因或许不仅仅是户籍类型的不同。那么是什么原因可能使得陕西省样本学生阅读测试成绩高于贵州省和江西省样本学生的阅读测试成绩呢？事实上，与贵州省和江西省相比，陕西省可能有较好的家庭资源或者较多的地方财政投入，这在一定程度上导致了学生阅读测试成绩的差距。根据《中国统计年鉴（2016）》的数据，2015年陕西省人均GDP为47626元，贵州省的人均GDP为29847元，江西省的人均GDP为36724元，而陕西省人均GDP明显高于贵州省和江西省的人均GDP。因此，我们有理由怀疑，造成陕西省样本学生阅读测试成绩相对较高的原因是陕西省的地方财政投入或学生家庭资源投入相对更多。

表4－4　对比分析不同省份间样本学生的标准化阅读测试成绩

年级	陕西省		贵州省		江西省		陕西省与贵州省的差异	陕西省与江西省的差异	贵州省与江西省的差异
	标准差	平均值	标准差	平均值	标准差	平均值			
	(1)	(2)	(3)	(4)	(5)	(6)	(7)	(8)	(9)
总样本	0.60	1.01	0.05	0.99	-0.12	0.96	0.55*** (0.09)	0.72*** (0.07)	0.16** (0.07)
三年级	0.29	0.98	-0.24	0.96	—	—	0.53*** (0.15)	—	—
四年级	0.58	0.91	0.05	0.98	-0.08	0.99	0.53*** (0.15)	0.66*** (0.09)	0.13 (0.13)
五年级	0.88	1.07	0.37	0.99	-0.15	0.93	0.51** (0.20)	1.03*** (0.16)	0.52*** (0.14)
六年级	0.62	0.99	0.04	0.95	-0.12	0.97	0.58*** (0.17)	0.74*** (0.12)	0.16 (0.13)

注：在班级层面的聚类稳健标准误显示在括号里，*** 表示 $p < 0.01$，** 表示 $p < 0.05$，* 表示 $p < 0.1$。本书中所有差异性检验均是经过 t-test 等统计分析得来的，其他表格数据不再进行说明。

资料来源：作者调查。

表4-5 按照阅读目的的不同分析不同省份间样本学生的阅读表现

阅读目的	年级	陕西省		贵州省		江西省		陕西省与贵州省的差异	陕西省与江西省的差异	贵州省与江西省的差异
		标准差	平均值	标准差	平均值	标准差	平均值			
		(1)	(2)	(3)	(4)	(5)	(6)	(7)	(8)	(9)
获取和使用信息能力	三年级	0.31	1.02	-0.26	0.91	—	—	0.57*** (0.15)	—	—
	四年级	0.49	0.95	0.08	1.08	-0.07	0.98	0.42** (0.17)	0.56*** (0.10)	0.15 (0.14)
	五年级	0.62	0.78	0.45	0.88	-0.12	0.99	0.17 (0.10)	0.74*** (0.08)	0.57*** (0.08)
	六年级	0.72	1.21	0.00	1.01	-0.13	0.89	0.72*** (0.19)	0.86*** (0.13)	0.13 (0.14)
文学体验能力	三年级	0.16	0.94	-0.13	1.03	—	—	0.29** (0.13)	—	—
	四年级	0.58	0.90	0.03	0.94	-0.08	1.00	0.55*** (0.13)	0.65*** (0.08)	0.11 (0.11)
	五年级	0.86	1.17	0.28	1.03	-0.13	0.91	0.58*** (0.22)	0.99*** (0.17)	0.41*** (0.15)
	六年级	0.45	0.90	0.05	0.93	-0.09	1.01	0.40*** (0.14)	0.54*** (0.09)	0.15 (0.11)

注：在班级层面的聚类稳健标准误显示在括号里，$***$ 表示 $p < 0.01$，$**$ 表示 $p < 0.05$，$*$ 表示 $p < 0.1$。

资料来源：作者调查。

表4-6　按照阅读理解过程的不同分析不同省份间样本学生的阅读表现

阅读理解过程	年级	陕西省		贵州省		江西省		陕西省与贵州省的差异	陕西省与江西省的差异	贵州省与江西省的差异
		标准差	平均值	标准差	平均值	标准差	平均值			
		(1)	(2)	(3)	(4)	(5)	(6)	(7)	(8)	(9)
评价内容和语言能力	三年级	0.23	1.06	-0.19	0.91			0.42*** (0.05)		
	四年级	0.74	1.12	-0.04	0.92	-0.09	0.95	0.77*** (0.06)	0.83*** (0.04)	0.06 (0.04)
	五年级	0.95	1.10	0.19	0.93	-0.13	0.93	0.76*** (0.06)	1.09*** (0.04)	0.323*** (0.04)
	六年级	1.45	1.03	-0.17	0.78	-0.23	0.78	1.62*** (0.05)	1.69*** (0.04)	0.07** (0.03)
关注并提取具体信息能力	三年级	0.32	0.96	-0.27	0.95			0.59*** (0.05)		
	四年级	1.47	0.92	-0.10	0.85	-0.18	0.86	1.56*** (0.05)	1.64*** (0.03)	0.08** (0.04)
	五年级	1.96	0.87	0.03	0.71	-0.23	0.76	1.93*** (0.04)	2.20*** (0.03)	0.27*** (0.03)
	六年级	1.63	0.82	-0.15	0.74	-0.27	0.77	1.78*** (0.04)	1.90*** (0.03)	0.12*** (0.03)

续表

阅读理解过程	年级	陕西省		贵州省		江西省		陕西省与贵州省的差异	陕西省与江西省的差异	贵州省与江西省的差异
		标准差	平均值	标准差	平均值	标准差	平均值			
		(1)	(2)	(3)	(4)	(5)	(6)	(7)	(8)	(9)
解释并整合观点能力	三年级	0.17	0.98	-0.15	1.00			0.32*** (0.05)		
	四年级	1.44	1.06	-0.10	0.78	-0.17	0.86	1.54*** (0.05)	1.61*** (0.04)	0.07** (0.04)
	五年级	1.69	1.14	0.08	0.86	-0.21	0.78	1.61*** (0.06)	1.90*** (0.03)	0.29*** (0.03)
	六年级	0.89	1.06	-0.09	0.91	-0.15	0.92	0.98*** (0.05)	1.04*** (0.04)	0.06* (0.04)
直接推论能力	三年级	0.25	1.01	-0.21	0.94			0.45*** (0.05)		
	四年级	1.29	1.07	0.02	0.93	-0.17	0.87	1.27*** (0.05)	1.46*** (0.04)	0.19*** (0.04)
	五年级	1.83	1.04	0.33	0.85	-0.25	0.74	1.50*** (0.05)	2.08*** (0.03)	0.58*** (0.03)
	六年级	1.36	0.92	-0.06	0.86	-0.24	0.83	1.42*** (0.05)	1.60*** (0.04)	0.18*** (0.03)

注：在班级层面的聚类稳健标准误显示在括号里，*** 表示 $p<0.01$，** 表示 $p<0.05$，* 表示 $p<0.1$。

资料来源：作者调查。

表4-7 对比分析不同省份间农村户籍的样本学生的标准化阅读测试成绩

年级	陕西省		贵州省		江西省		陕西省与贵州省的差异	陕西省与江西省的差异	贵州省与江西省的差异
	标准差	平均值	标准差	平均值	标准差	平均值			
	(1)	(2)	(3)	(4)	(5)	(6)	(7)	(8)	(9)
总样本	0.47	0.98	0.05	0.99	-0.12	0.96	0.43*** (0.08)	0.59*** (0.05)	0.16** (0.07)
三年级	0.21	0.95	-0.24	0.96	—	—	0.45*** (0.13)	—	—
四年级	0.53	0.91	0.05	0.98	-0.08	0.99	0.47*** (0.15)	0.66*** (0.09)	0.13 (0.12)
五年级	0.65	1.03	0.37	0.98	-0.15	0.93	0.28 (0.18)	0.80*** (0.12)	0.52*** (0.14)
六年级	0.49	0.97	0.04	0.95	-0.12	0.97	0.45*** (0.14)	0.62*** (0.07)	0.16 (0.13)

注：研究剔除了陕西省城市户籍的样本学生，将陕西省农村户籍的样本学生与贵州省、江西省农村户籍的样本学生进行对比。在班级层面的聚类稳健标准误显示在括号里。*** 表示 $p < 0.01$，** 表示 $p < 0.05$，* 表示 $p < 0.1$。

资料来源：作者调查。

另外，为了解贵州省和江西省样本学生的阅读测试总成绩只在五年级有显著性差异的原因，我们进一步对比分析了三省份样本学生的阅读测试原始成绩（见表4－8）。选择使用阅读测试原始成绩的主要原因是，阅读测试的原始成绩可以对比分析同一省份不同年级学生的成绩。从表4－8的数据结果发现，尽管贵州省和江西省四年级的样本学生有相似的平均阅读测试成绩（贵州省样本学生平均阅读测试成绩为23.39分，江西省样本学生平均阅读测试成绩为22.15分），但从四年级到五年级，贵州省样本学生的阅读成绩增长了0.33分（五年级贵州省样本学生的平均阅读测试成绩为23.72分），江西省样本学生的阅读测试成绩下降了2.25分（五年级江西省样本学生平均阅读测试成绩为19.90分）。这也就意味着，从四年级到五年级，贵州省学生的阅读成绩保持稳定，但江西省学生的阅读成绩却有下降趋势。基于这个原因，贵州省和江西省五年级样本学生的平均标准化阅读测试成绩有显著性差异。

第三节　样本地区的国际对比分析

尽管数据结果表明中国不同地区和不同省份间学生的阅读表现存在差异性，但是无法判断中国样本学生的阅读成绩属于什么水平，在国际评比中属于"位列前茅"还是"位居最后"。也就是说，尽管陕西省样本学生阅读测试成绩高于贵州省和江西省样本学生阅读测试成绩，但我们无法获知陕西省样本学生的阅读能力是得到了充足的发展，还是仅仅在与贵州省和江西省的对比中表现相对更好。基于此原因，我们尝试将样本地区的学生同参与 PIRLS 测试的其他国家或地区的学生进行比较分析。

在 2011 年 PIRLS 测试中，共计 45 个国家或地区参与了阅读测试，具体名单见表4－9。从收入水平来看，属于高收入水平的国家或

表 4 - 8　对比分析不同省份间样本学生的阅读测试原始成绩

年级	陕西省		贵州省		江西省		陕西省与贵州省的差异	陕西省与江西省的差异	贵州省与江西省的差异
	标准差	平均值	标准差	平均值	标准差	平均值			
	(1)	(2)	(3)	(4)	(5)	(6)	(7)	(8)	(9)
三年级	25.25	9.94	19.83	9.72	—	—	5.41*** (1.48)	—	—
四年级	28.38	8.54	23.39	9.23	22.15	9.26	4.99*** (1.43)	6.23*** (0.87)	1.24 (1.17)
五年级	27.51	7.90	23.72	7.28	19.90	6.85	3.79** (1.51)	7.62*** (1.15)	3.82*** (1.00)
六年级	25.56	7.80	21.04	7.45	19.75	7.59	4.52*** (1.32)	5.80*** (0.90)	1.28 (1.02)

注：在班级层面的聚类稳健标准误显示在括号里，*** 表示 $p < 0.01$，** 表示 $p < 0.05$，* 表示 $p < 0.1$。
资料来源：作者调查。

地区有 35 个，属于中高收入水平的国家或地区有 7 个，属于低收入水平的国家或地区有 3 个。按照经济发展状况来看，共有 28 个发达国家或地区、17 个发展中国家或地区。根据 PIRLS 抽样资料可以发现，参与 PIRLS 测试时，各个国家或地区按照 PPS 抽样调查法将国家或地区作为抽样样本框，按概率比例原则抽取样本地区和样本学生（Joncas and Foy，2011）。因此，纳入 PIRLS 研究的样本国家或地区抽取的样本学生可以在一定程度上代表该国家或地区的学生整体发展水平。

表 4 – 9　参与 PIRLS 测试的 45 个国家或地区经济发展状况

序号	国家/地区	收入水平	经济发展状况
1	奥地利	高收入国家/地区	发达国家/地区
2	澳大利亚	高收入国家/地区	发达国家/地区
3	比利时	高收入国家/地区	发达国家/地区
4	加拿大	高收入国家/地区	发达国家/地区
5	中国台北	高收入国家/地区	发达国家/地区
6	捷克共和国	高收入国家/地区	发达国家/地区
7	丹麦	高收入国家/地区	发达国家/地区
8	英国	高收入国家/地区	发达国家/地区
9	荷兰	高收入国家/地区	发达国家/地区
10	法国	高收入国家/地区	发达国家/地区
11	德国	高收入国家/地区	发达国家/地区
12	中国香港	高收入国家/地区	发达国家/地区
13	爱尔兰	高收入国家/地区	发达国家/地区
14	以色列	高收入国家/地区	发达国家/地区
15	意大利	高收入国家/地区	发达国家/地区
16	立陶宛	高收入国家/地区	发达国家/地区
17	马耳他	高收入国家/地区	发达国家/地区

续表

序号	国家/地区	收入水平	经济发展状况
18	芬兰	高收入国家/地区	发达国家/地区
19	新西兰	高收入国家/地区	发达国家/地区
20	北爱尔兰	高收入国家/地区	发达国家/地区
21	挪威	高收入国家/地区	发达国家/地区
22	葡萄牙	高收入国家/地区	发达国家/地区
23	新加坡	高收入国家/地区	发达国家/地区
24	斯洛伐克共和国	高收入国家/地区	发达国家/地区
25	斯洛文尼亚	高收入国家/地区	发达国家/地区
26	西班牙	高收入国家/地区	发达国家/地区
27	瑞典	高收入国家/地区	发达国家/地区
28	美国	高收入国家/地区	发达国家/地区
29	匈牙利	高收入国家/地区	发展中国家/地区
30	阿曼	高收入国家/地区	发展中国家/地区
31	波兰	高收入国家/地区	发展中国家/地区
32	卡塔尔	高收入国家/地区	发展中国家/地区
33	沙特阿拉伯	高收入国家/地区	发展中国家/地区
34	特立尼达和多巴哥*	高收入国家/地区	发展中国家/地区
35	阿拉伯联合酋长国	高收入国家/地区	发展中国家/地区
36	阿塞拜疆	中高收入国家/地区	发展中国家/地区
37	保加利亚	中高收入国家/地区	发展中国家/地区
38	哥伦比亚	中高收入国家/地区	发展中国家/地区
39	克罗地亚	中高收入国家/地区	发展中国家/地区
40	伊朗	中高收入国家/地区	发展中国家/地区
41	罗马尼亚	中高收入国家/地区	发展中国家/地区
42	俄罗斯	中高收入国家/地区	发展中国家/地区
43	格鲁吉亚	中低收入国家/地区	发展中国家/地区
44	印度尼西亚	中低收入国家/地区	发展中国家/地区

序号	国家/地区	收入水平	经济发展状况
45	摩洛哥	中低收入国家/地区	发展中国家/地区

注：1. 收入水平的划分参考世界银行 2017 年发布的标准；经济发展状况参考联合国开发计划署的划分标准。

2. ＊代表该国没有阅读测试成绩。

资料来源：PIRLS 2011 年国际调查和作者调查。

　　尽管我们研究中的样本学生仅代表中国部分农村地区学生，无法代表农村地区平均水平，考虑到城乡发展差距，更无法代表全国整体平均水平（样本结果理论上远低于中国整体平均水平），但通过国际对比可以在一定程度上评估样本地区学生的阅读表现。当我们将三省份样本学生与其他国家或地区的样本学生进行对比后发现，中国农村地区的样本学生，包含陕西省的样本学生，在阅读成绩表现上处于相对落后的地位。总体上而言，如果将研究中的全样本农村地区数据（也就是包含三个样本省份的数据）与其他国家或地区的样本学生数据进行对比，中国样本地区学生平均阅读能力测试成绩排在最后一位（见图 4－3）。

　　由于陕西省样本学生比贵州省和江西省样本学生阅读测试成绩高，所以我们将样本学生按照省份划分成三个子样本，然后将各省样本学生与其他国家或地区的学生进行对比。结果如图 4－4 所示，尽管陕西省样本学生比贵州省和江西省样本学生在阅读成绩上表现较好，但与其他国家或地区相比，陕西省样本学生的阅读成绩表现依然相对较差。具体而言，与参加 PIRLS 测试的 45 个国家或地区相比，贵州省和江西省样本学生平均阅读测试成绩排在后两位，陕西省样本学生平均阅读测试成绩仅高于 5 个国家的样本学生阅读测试成绩，依然排在后面。考虑到在这些对比分析中，我们使用农村样本地区学生与其他国家或地区的平均水平进行对比无法直接证实农村地区学生阅读表现较差，但与其他国家或地区尤其是发展中国家或地区进行对比，仍能证实农村样本地区学生的阅读表现有所欠缺，需要更进一步的提升。

图4－3　对比分析样本地区学生与其他国家或地区学生的阅读能力

注：研究汉将中国农村样本地区的四年级学生纳入对比分析中。
资料来源：PIRLS 2011年国际调查和作者调查。

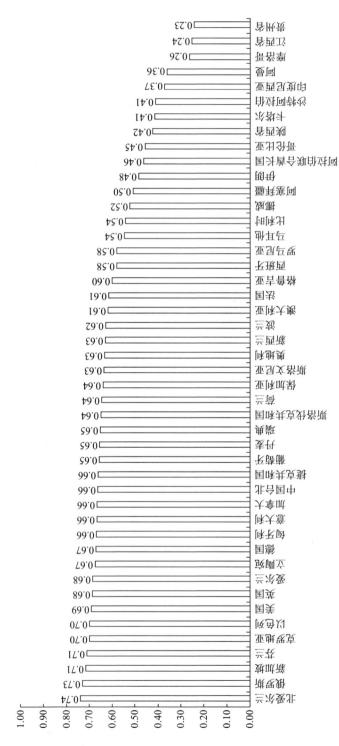

图4-4 分省比较样本地区学生与其他国家或地区学生的阅读能力

注：研究仅将中国农村样本地区的四年级学生纳入对比分析中。
资料来源：PIRLS 2011年国际调查和作者调查。

第四节　学生阅读成绩的异质性分析

除实证评估样本地区农村小学生的阅读能力发展状况外，我们进一步分析不同特征的学生群体在阅读表现上的差异性，了解哪些特征的学生群体在阅读能力发展上相对处于劣势，即阅读测试成绩显著性更低。既往文献指出，学生的个人特征和家庭背景特征，如学生性别、寄宿状况、家庭经济和社会地位等，与学生的阅读能力发展均存在相关关系（Gao et al.，2021）。例如，众多文献指出，女生比男生在阅读能力测试成绩上显著性更好（Lietz，2006），家庭经济状况更好的学生阅读测试成绩很有可能相对更高（Christian et al.，1998；Dahl and Lochner，2005）。为此，我们对农村样本地区学生的阅读测试成绩进行了异质性分析，了解哪些群体特征的样本学生可能在阅读表现上相对更弱。

一　男生和女生

如表4－2所示，总样本学生中52％为男性，48％为女性。按照性别划分，我们将样本男生和样本女生的阅读能力测试成绩进行了对比分析。与以往文献研究结果一致，农村样本女生比样本男生的阅读能力测试成绩相对更好。数据结果如表4－10所示，在三至六年级小学阶段，样本女生的阅读测试成绩均高于同年级样本男生的阅读测试成绩，且除三年级外均存在统计意义上的显著性差异（显著性在1％水平下）。从不同类型阅读目的来看，样本地区男生与女生阅读测试成绩的差异性可能主要集中在"文学体验能力"方面。如表4－11所示，在"获取和使用信息能力"测试成绩上，尽管女生成绩相对较高，但除五年级样本学生外，男生和女生之间没有统计意义上的显著性差异。在"文学体验能力"测试成绩上，男生和女生的测试得分在三至六年级对比分析中均存在显著性差异（显著性在 1% 水平下）。从阅读理解过程来看，在"评价内容和语言能力"、"关注并提取具体信息能力"、"解释并整合观点能力"和"直接推论能力"方面，样本地区男生与女生均存在差异性。如表 4 - 12 所示，在三至六年级的对比分析中，女生的阅读测试成绩均比男生的阅读测试成绩更好。简言之，从标准化阅读测试成绩、不同类型阅读目的和阅读理解过程测试得分中可以发现，样本地区男生在小学阶段的阅读能力相对较差。

表 4 - 10　男生和女生标准化阅读测试成绩对比分析

年级	女生		男生		男生与女生的差异
	平均值	标准差	平均值	标准差	
三年级	0.04	0.99	- 0.03	1.01	- 0.07（0.05）
四年级	0.06	1.00	- 0.05	1.00	- 0.11*** （0.03）
五年级	0.05	0.98	- 0.04	1.01	- 0.09*** （0.02）
六年级	0.09	0.99	- 0.09	1.00	- 0.18*** （0.03）

注：在班级层面的聚类稳健标准误显示在括号里，*** 表示 $p < 0.01$，** 表示 $p < 0.05$，* 表示 $p < 0.1$。

资料来源：作者调查。

表 4 - 11　按照不同类型阅读目的分析男生和女生标准化
阅读测试成绩差异

类型	年级	女生		男生		男生与女生的差异
		平均值	标准差	平均值	标准差	
获取和使用信息能力	三年级	- 0.02	1.00	0.02	1.00	- 0.03（0.05）
	四年级	0.01	1.01	- 0.01	0.99	- 0.03（0.02）
	五年级	0.05	0.95	- 0.05	1.04	- 0.10*** （0.02）
	六年级	0.00	1.04	0.00	0.96	0.00（0.03）
文学体验能力	三年级	0.12	0.96	- 0.10	1.02	- 0.22*** （0.05）
	四年级	0.07	1.00	- 0.07	1.00	- 0.14*** （0.02）

续表

类型	年级	女生		男生		男生与女生的差异
		平均值	标准差	平均值	标准差	
文学体验能力	五年级	0.04	1.00	− 0.03	1.00	− 0.07 *** （0.02）
	六年级	0.12	0.97	− 0.11	1.01	− 0.22 *** （0.03）

注：在班级层面的聚类稳健标准误显示在括号里，＊＊＊ 表示 $p < 0.01$，＊＊ 表示 $p < 0.05$，＊ 表示 $p < 0.1$。

资料来源：作者调查。

表 4 – 12　按照阅读理解过程的 4 个维度分析男生和女生标准化阅读测试成绩差异

维度	年级	女生		男生		男生与女生的差异性
		平均值	标准差	平均值	标准差	
评价内容和语言能力	三年级	0.04	1.01	− 0.04	0.99	− 0.08 （0.05）
	四年级	0.05	0.99	− 0.04	1.01	− 0.09 *** （0.02）
	五年级	0.05	0.97	− 0.04	1.02	− 0.09 *** （0.02）
	六年级	0.07	0.98	− 0.07	1.01	− 0.14 *** （0.03）
关注并提取具体信息能力	三年级	0.04	0.98	− 0.03	1.02	− 0.07 （0.05）
	四年级	0.04	1.01	− 0.04	0.99	− 0.08 *** （0.02）
	五年级	0.03	0.97	− 0.03	1.02	− 0.06 ** （0.02）
	六年级	0.05	0.99	− 0.05	1.01	− 0.10 *** （0.03）
解释并整合观点能力	三年级	0.06	0.98	− 0.05	1.01	− 0.11 ** （0.05）
	四年级	0.04	1.01	− 0.04	0.99	− 0.08 *** （0.02）
	五年级	0.03	1.01	− 0.03	0.99	− 0.05 ** （0.02）
	六年级	0.08	1.00	− 0.07	1.00	− 0.16 *** （0.03）
直接推论能力	三年级	0.01	0.99	− 0.01	1.01	− 0.02 （0.05）
	四年级	0.05	0.99	− 0.04	1.01	− 0.10 *** （0.02）

维度	年级	女生		男生		男生与女生的差异性
		平均值	标准差	平均值	标准差	
直接推论能力	五年级	0.00	1.00	0.00	1.00	− 0.01（0.02）
	六年级	0.05	0.99	− 0.05	1.00	0.09*** （0.03）

注：在班级层面的聚类稳健标准误显示在括号里，＊＊＊表示 $p < 0.01$，＊＊表示 $p < 0.05$，＊表示 $p < 0.1$。

资料来源：作者调查。

二 寄宿制学生和非寄宿制学生

在贵州省和江西省的样本学生中，有10%的样本学生属于寄宿制学生，因此我们利用该样本地区的小学生群体分析寄宿制学生和非寄宿制学生在阅读能力发展阶段的差异性。分析结果如表4-13所示，与非寄宿制样本学生相比，寄宿制样本学生在三至六年级上的阅读测试成绩较低，存在统计意义上的显著性差异（显著性在1%水平下）。划分为不同阅读目的后，我们发现寄宿制学生，除六年级学生以外，在"获取和使用信息能力"和"文学体验能力"上阅读测试成绩均低于非寄宿制学生，且差异存在统计意义上的显著性（见表4-14）。从阅读理解过程来看，寄宿制学生和非寄宿制学生之间在"评价内容和语言能力"、"关注并提取具体信息能力"、"解释并整合观点能力"和"直接推论能力"上也存在统计意义上的发展差异性，三至五年级寄宿制学生的测试得分均显著低于非寄宿制学生（见表4-15）。尽管六年级样本学生中，寄宿制与非寄宿制学生在"文学体验能力""评价内容和语言能力""直接推论能力"上差异性不显著，但非寄宿制学生的测试成绩较高。基于上述结果，本研究证实样本地区寄宿制农村小学生在标准化阅读测试中考试成绩相对较低，阅读能力发展相对较弱。

**表 4 - 13　寄宿制学生和非寄宿制学生标准化阅读测试成绩
对比分析**

年级	寄宿制学生		非寄宿制学生		寄宿制学生与 非寄宿制学生的差异
	平均值	标准差	平均值	标准差	
三年级	- 0.62	0.82	- 0.21	0.96	- 0.41*** （0.13）
四年级	- 0.26	1.02	- 0.05	0.98	- 0.21*** （0.05）
五年级	- 0.24	0.96	- 0.07	0.94	- 0.17*** （0.04）
六年级	- 0.23	0.99	- 0.08	0.96	- 0.15*** （0.05）

注：在班级层面的聚类稳健标准误显示在括号里，*** 表示 $p < 0.01$，** 表示 $p < 0.05$，* 表示 $p < 0.1$。

资料来源：作者调查。

**表 4 - 14　按照不同类型阅读目的分析寄宿制学生和非寄宿制
学生标准化阅读测试成绩差异**

类型	年级	寄宿制学生		非寄宿制学生		寄宿制学生与非 寄宿制学生的差异
		平均值	标准差	平均值	标准差	
获取和 使用信 息能力	三年级	- 0.60	0.70	- 0.23	0.92	- 0.37*** （0.12）
	四年级	- 0.23	1.00	- 0.04	0.99	- 0.19*** （0.05）
	五年级	- 0.19	1.06	- 0.05	0.99	- 0.14*** （0.04）
	六年级	- 0.51	0.81	- 0.27	0.87	- 0.24* （0.12）
文学体 验能力	三年级	- 0.43	1.09	- 0.11	1.02	- 0.32** （0.14）
	四年级	- 0.25	1.03	- 0.05	0.99	- 0.20*** （0.05）
	五年级	- 0.23	0.92	- 0.07	0.94	- 0.16*** （0.04）
	六年级	- 0.41	1.05	- 0.18	0.99	- 0.23 （0.14）

注：在班级层面的聚类稳健标准误显示在括号里，*** 表示 $p < 0.01$，** 表示 $p < 0.05$，* 表示 $p < 0.1$。

资料来源：作者调查。

表 4 - 15 按照阅读理解过程的 4 个维度分析寄宿制和非寄宿制
学生标准化阅读测试成绩差异

维度	年级	寄宿制学生		非寄宿制学生		寄宿制学生与非寄宿制学生的差异
		平均值	标准差	平均值	标准差	
评价内容和语言能力	三年级	-0.52	0.62	-0.17	0.92	-0.35*** (0.12)
	四年级	-0.24	0.97	-0.07	0.95	-0.16*** (0.05)
	五年级	-0.22	0.96	-0.09	0.93	-0.14*** (0.04)
	六年级	-0.69	0.67	-0.61	0.64	-0.08 (0.09)
关注并提取具体信息能力	三年级	-0.60	0.89	-0.24	0.95	-0.36*** (0.13)
	四年级	-0.32	0.91	-0.16	0.86	-0.17*** (0.04)
	五年级	-0.32	0.78	-0.19	0.76	-0.13*** (0.03)
	六年级	-0.89	0.66	-0.68	0.62	-0.20** (0.09)
解释并整合观点能力	三年级	-0.49	0.90	-0.12	1.00	-0.37*** (0.14)
	四年级	-0.33	0.86	-0.15	0.85	-0.18*** (0.04)
	五年级	-0.24	0.79	-0.17	0.80	-0.07** (0.03)
	六年级	-0.61	0.79	-0.40	0.83	-0.22* (0.12)
直接推论能力	三年级	-0.57	0.76	-0.18	0.95	-0.39** (0.13)
	四年级	-0.29	0.87	-0.14	0.88	-0.15*** (0.04)
	五年级	-0.31	0.78	-0.18	0.78	-0.13*** (0.03)
	六年级	-0.72	0.70	-0.57	0.76	-0.15 (0.11)

注：在班级层面的聚类稳健标准误显示在括号里，*** 表示 $p < 0.01$，** 表示 $p < 0.05$，* 表示 $p < 0.1$。

资料来源：作者调查。

三　农村户籍学生与城市户籍学生

由于在陕西省农村地区的样本学生中，有 19% 的学生有城市户籍，我们也尝试了解城市户籍与农村户籍的样本小学生在阅读能力发展阶段是否存在统计意义上的显著性差异。数据分析结果发现在阅读能力总测试得分上，与城市户籍样本学生相比，农村户籍样本学生的成绩相对较低。如表 4 - 16 所示，样本地区农村户籍学生在小学阶段各年级的总成绩均显著低于城市户籍学生的总成绩。在"获取和使用信息能力""文学体验能力"的测试成绩上,样本地区农村户籍三至六年级学生的测试成绩也低于城市户籍学生的测试成绩,且成绩差异具有统计意义上的显著性(见表4–17)。如表4–18所示,农村户籍的三至六年级学生在"评价内容和语言能力"、"关注并提取具体信息能力"、"解释并整合观点能力"和"直接推论能力"上的测试成绩也均显著低于城市户籍学生的测试成绩(显著性在1%水平下)。综上所述,样本地区农村户籍学生在各项阅读能力上的成绩均相对较低,在小学阶段的阅读能力相对较弱。

表4–16 对比分析城市户籍与农村户籍样本学生的阅读能力

年级	城市户籍学生		农村户籍学生		城市户籍学生与农村户籍学生的差异
	平均值	标准差	平均值	标准差	
三年级	0.65	0.99	0.21	0.95	0.44** (0.18)
四年级	0.90	0.84	0.53	0.91	0.37* (0.18)
五年级	1.62	0.81	0.65	1.03	0.97*** (0.14)
六年级	1.24	0.91	0.49	0.97	0.74** (0.29)

注:1. 在班级层面的聚类稳健标准误显示在括号里,***表示 $p < 0.01$,**表示 $p < 0.05$,*表示 $p < 0.1$。

2. 在陕西省进行阅读能力测试的样本学生中,484名学生具有城市户籍,2126名学生具有农村户籍。

资料来源:作者调查。

表4–17 按照不同类型阅读目的分析城市户籍与农村户籍样本学生的阅读能力

类型	年级	城市户籍学生		农村户籍学生		城市户籍学生与农村户籍学生的差异
		平均值	标准差	平均值	标准差	
获取和使用信息能力	三年级	0.60	1.05	0.24	1.00	0.35*** (0.11)
	四年级	0.69	0.94	0.46	0.95	0.23** (0.10)
	五年级	0.94	0.44	0.51	0.83	0.42*** (0.07)
	六年级	0.84	1.15	0.23	0.99	0.61*** (0.11)

类型	年级	城市户籍学生		农村户籍学生		城市户籍学生与农村户籍学生的差异
		平均值	标准差	平均值	标准差	
文学体验能力	三年级	0.51	0.91	0.08	0.93	0.43*** (0.10)
	四年级	0.91	0.79	0.52	0.90	0.39*** (0.09)
	五年级	1.69	0.97	0.60	1.12	1.05*** (0.10)
	六年级	0.77	0.74	0.12	0.96	0.65*** (0.10)

注：在班级层面的聚类稳健标准误显示在括号里，*** 表示 $p < 0.01$，** 表示 $p < 0.05$，* 表示 $p < 0.1$。

资料来源：作者调查。

表 4 - 18　按照阅读理解过程的 4 个维度分析城市户籍与农村户籍样本学生的阅读能力

维度	年级	城市户籍学生		农村户籍学生		城市户籍学生与农村户籍学生的差异
		平均值	标准差	平均值	标准差	
评价内容和语言能力	三年级	0.50	1.12	0.17	1.03	0.33*** (0.11)
	四年级	1.05	1.02	0.69	1.13	0.36*** (0.12)
	五年级	1.60	0.85	0.75	1.09	0.85*** (0.09)
	六年级	1.29	0.83	0.61	0.81	0.70*** (0.09)
关注并提取具体信息能力	三年级	0.64	0.90	0.24	0.96	0.39*** (0.10)
	四年级	1.73	0.89	1.42	0.91	0.31*** (0.10)
	五年级	2.44	0.55	1.81	0.90	0.63*** (0.07)
	六年级	1.10	0.56	0.75	0.70	0.34*** (0.07)
解释并整合观点能力	三年级	0.57	0.98	0.08	0.95	0.49*** (0.10)
	四年级	1.79	0.94	1.34	1.07	0.41*** (0.11)
	五年级	2.42	0.99	1.46	1.09	0.97*** (0.10)
	六年级	0.99	0.96	0.38	0.94	0.62*** (0.10)

维度	年级	城市户籍学生		农村户籍学生		城市户籍学生与农村户籍学生的差异
		平均值	标准差	平均值	标准差	
直接推论能力	三年级	0.55	1.08	0.18	0.99	0.38 *** （0.10）
	四年级	1.63	0.97	1.23	1.07	0.40 *** （0.11）
	五年级	2.50	0.80	1.62	1.02	0.88 *** （0.09）
	六年级	1.11	0.75	0.59	0.80	0.53 *** （0.09）

注：在班级层面的聚类稳健标准误显示在括号里，＊＊＊表示 $p < 0.01$，＊＊表示 $p < 0.05$，＊表示 $p < 0.1$。

资料来源：作者调查。

四　不同家庭资产水平的学生

本研究尝试分析来自不同经济背景特征家庭的学生是否会在小学阶段的阅读能力发展方面存在统计意义上的显著性差异。本研究选取家庭资产指标代表学生的家庭经济状况，按照家庭资产水平将样本学生划分为不同家庭经济状况的学生群体。如表4－19所示，数据结果表明与家庭经济状况较好的学生群体相比，来自较为贫困家庭的学生群体的阅读测试成绩整体上相对较低，且在四至六年级间的成绩差异存在统计意义上的显著性。按照不同阅读目的将阅读测试成绩划分后，在"获取和使用信息能力""文学体验能力"上的测试成绩结果依然表明，样本地区较为贫困家庭的学生在小学阶段各年级的整体平均得分相对较低（见表4－20）。从阅读理解过程来看，数据结果具有一致性，即来自相对贫困家庭的学生在"评价内容和语言能力"、"关注并提取具体信息能力"、"解释并整合观点能力"和"直接推论能力"上的阅读测试成绩均低于相对富裕家庭的学生，且测试成绩差异总体上存在统计意义上的显著性（见表4－21）。

表 4 - 19 不同家庭资产水平的学生标准化阅读测试成绩对比分析

年级	家庭资产较差学生		家庭资产较好学生		家庭资产较差学生与家庭资产较好学生的差异
	平均值	标准差	平均值	标准差	
三年级	- 0.27	0.96	- 0.21	0.95	- 0.06 (0.07)
四年级	- 0.13	0.99	- 0.01	0.98	- 0.12*** (0.03)
五年级	- 0.15	0.93	- 0.03	0.96	- 0.12*** (0.02)
六年级	- 0.16	0.98	- 0.03	0.95	- 0.13*** (0.03)

注：在班级层面的聚类稳健标准误显示在括号里，*** 表示 $p < 0.01$，** 表示 $p < 0.05$，* 表示 $p < 0.1$。

资料来源：作者调查。

表 4 - 20 按照不同类型阅读目的分析不同家庭资产水平的学生标准化阅读测试成绩差异

类型	年级	家庭资产较差学生		家庭资产较好学生		家庭资产较差学生与家庭资产较好学生的差异
		平均值	标准差	平均值	标准差	
获取和使用信息能力	三年级	- 0.295	0.896	- 0.187	0.928	- 0.108 (0.13)
	四年级	- 0.097	0.999	0.020	0.967	- 0.118*** (0.03)
	五年级	- 0.098	1.023	0.002	0.945	- 0.100*** (0.03)
	六年级	- 0.309	0.852	- 0.232	0.908	- 0.077 (0.07)
文学体验能力	三年级	- 0.181	1.037	- 0.043	1.009	- 0.137* (0.08)
	四年级	- 0.106	0.988	0.009	0.989	- 0.115*** (0.03)
	五年级	- 0.142	0.917	0.015	0.965	- 0.157*** (0.03)
	六年级	- 0.240	0.999	- 0.083	0.966	- 0.157* (0.08)

注：在班级层面的聚类稳健标准误显示在括号里，*** 表示 $p < 0.01$，** 表示 $p < 0.05$，* 表示 $p < 0.1$。

资料来源：作者调查。

表4－21　按照阅读理解过程的4个维度分析不同家庭资产水平的学生标准化阅读测试成绩差异

维度	年级	家庭资产较差学生		家庭资产较好学生		家庭资产较差学生与家庭资产较好学生的差异
		平均值	标准差	平均值	标准差	
评价内容和语言能力	三年级	－ 0.201	0.883	－ 0.180	0.950	－ 0.022（0.07）
	四年级	－ 0.122	0.955	－ 0.016	0.934	－ 0.106***（0.03）
	五年级	－ 0.152	0.927	0.005	0.941	－ 0.157***（0.03）
	六年级	－ 0.645	0.658	－ 0.549	0.607	－ 0.096*（0.05）
关注并提取具体信息能力	三年级	－ 0.323	0.951	－ 0.163	0.948	－ 0.160**（0.07）
	四年级	－ 0.207	0.864	－ 0.098	0.852	－ 0.108***（0.02）
	五年级	－ 0.235	0.763	－ 0.148	0.754	－ 0.086***（0.02）
	六年级	－ 0.732	0.622	－ 0.611	0.636	－ 0.121**（0.05）
解释并整合观点能力	三年级	－ 0.189	0.970	－ 0.064	1.043	－ 0.125（0.08）
	四年级	－ 0.197	0.836	－ 0.107	0.867	－ 0.090***（0.02）
	五年级	－ 0.207	0.780	－ 0.118	0.829	－ 0.088***（0.02）
	六年级	－ 0.423	0.834	－ 0.379	0.826	－ 0.044（0.07）
直接推论能力	三年级	－ 0.244	0.948	－ 0.137	0.927	－ 0.107（0.07）
	四年级	－ 0.178	0.879	－ 0.094	0.871	－ 0.084***（0.02）
	五年级	－ 0.237	0.767	－ 0.102	0.787	－ 0.136***（0.02）
	六年级	－ 0.606	0.738	－ 0.510	0.795	－ 0.096（0.06）

注：在班级层面的聚类稳健标准误显示在括号里，*** 表示 $p < 0.01$，** 表示 $p < 0.05$，* 表示 $p < 0.1$。

资料来源：作者调查。

第五节　样本学生阅读能力与其学业表现

大量文献研究证实阅读能力充足发展有助于促进学生学业表现（Cox and Guthrie，2001；Clark and Rumbold，2006；Slavin et al.，

2009）。因此，我们尝试利用样本数据实证检验中国农村地区小学生阅读能力测试成绩和学业表现测试成绩（语文和数学成绩）之间的相关关系。为此，我们比较了陕西省、贵州省和江西省样本地区农村小学生的标准化数学测试成绩和语文测试成绩的差异性。首先，如表4-22所示，我们发现陕西省样本学生的平均数学测试成绩高于贵州省和江西省样本学生的平均数学测试成绩，且成绩差异在三至六年级学生群体分布中整体上具有统计意义上的显著性，但贵州省和江西省样本学生的平均数学测试成绩差异性较小，不具备统计意义上的显著性。其次，在标准化语文测试成绩的对比分析中，样本地区小学生的分析结果与标准化数学测试成绩的分析结果类似，陕西省样本学生的平均语文测试成绩在各年级也明显高于贵州省和江西省样本学生的平均语文测试成绩，贵州省和江西省样本学生的语文测试成绩差异性较小（见表4-23）。从上述描述性统计分析结果看，我们发现农村样本地区的小学生在阅读能力测试与数学测试和语文测试得分中的对比分析分析结果一致，呈现较为一致的地区差异性。

除进行描述性统计分析外，我们进一步采用最小二乘法实证检验样本学生的学业表现与阅读成绩是否存在显著性的相关关系。如表4-24所示，分析回归结果表明，样本学生的阅读能力发展状况与其学业表现之间存在显著线性相关关系。具体来讲，将学生的标准化数学测试成绩、标准化语文测试成绩分别与标准化阅读测试成绩进行最小二乘回归后，其相关系数分别为0.61和0.71，且在显著水平1%下存在正相关关系。除将观测变量进行简单回归外，我们也进一步加入控制变量再次实证检验实证回归结果的稳健性。如表4-24所示，当控制学生年龄、性别、年级、住校情况和家庭资产状况后，样本学生的标准化阅读测试成绩仍然与其标准化数学测试成绩、语文测试成绩呈显著正相关（显著性在1%水平下）。回归实证分析结果佐证了既往文献的研究发现，即农村地区学生的阅读能力与其

表 4 - 22　对比分析不同省份间样本学生的标准化数学测试成绩

年级	陕西省		贵州省		江西省		陕西省与贵州省的差异 [a]	陕西省与江西省的差异 [a]	贵州省与江西省的差异 [a]
	标准差	平均值	标准差	平均值	标准差	平均值			
	(1)	(2)	(3)	(4)	(5)	(6)	(7)	(8)	(9)
三年级	0.08	0.96	-0.45	0.94	—	—	0.53*** (0.07)	—	—
四年级	0.50	0.72	-0.12	1.03	-0.12	1.02	0.62*** (0.06)	0.62*** (0.04)	0.00 (0.07)
五年级	0.65	0.86	-0.17	0.97	-0.12	0.98	0.82*** (0.12)	0.77*** (0.08)	-0.05 (0.10)
六年级	0.49	0.97	0.00	1.06	-0.19	0.91	0.49*** (0.18)	0.68*** (0.10)	0.19 (0.16)

注：在班级层面的聚类稳健标准误显示在括号里，**** 表示 $p < 0.01$，*** 表示 $p < 0.05$，* 表示 $p < 0.1$。
资料来源：作者调查。

表 4－23 对比分析不同省份间样本学生的标准化语文测试成绩

年级	陕西省		贵州省		江西省		陕西省与贵州省的差异	陕西省与江西省的差异	贵州省与江西省的差异
	标准差	平均值	标准差	平均值	标准差	平均值			
	(1)	(2)	(3)	(4)	(5)	(6)	(7)	(8)	(9)
三年级	0.20	0.96	－ 0.45	0.94	—	—	0.65*** （0.07）	—	—
四年级	0.50	0.72	－ 0.12	1.03	－ 0.12	1.02	0.61*** （0.06）	0.62*** （0.04）	－ 0.00 （0.07）
五年级	0.35	0.78	－ 0.16	0.95	－ 0.07	1.03	0.51*** （0.06）	0.42*** （0.04）	－ 0.09 （0.07）
六年级	—	—	—	—	—	—	—	—	—

注：在班级层面的聚类稳健标准误差显示在括号里，*** 表示 $p < 0.01$，** 表示 $p < 0.05$，* 表示 $p < 0.1$。
资料来源：作者调查。

学业表现有密不可分的关系（Thurbe et al.，2000；Jordan et al.，2003；Rutherford-Becker and Vanderwood，2009；Gao et al.，2021）。例如，通过大量课外阅读，学生的词汇量会不断增加、理解能力会不断得到提高等，都会帮助学生认识和理解以前认为困难的字词和句子，有助于其理解数学和语文考试题目内容；同时学生在阅读中也会不断提高批判性思维能力，而批判性思维能力的提高在学生思考和解决数学问题时十分有帮助。因此，从描述性分析结果和实证分析结果两方面，数据结果均证实了小学阶段学生阅读能力的重要性，阅读能力的充足发展会对小学生的学业表现有积极正向的影响效果。

表 4 - 24　样本地区学生学业表现与阅读测试成绩的相关关系

因变量	标准化数学测试成绩		标准化语文测试成绩	
	（1）	（2）	（3）	（4）
标准化阅读测试成绩	0.61***	0.62***	0.71***	0.70***
	(0.01)	(0.01)	(0.01)	(0.01)
性别（1 = 男）		是		是
学生是否住校（1 = 是）		是		是
家庭资产（1 = 低于中位数）		是		是
年龄		是		是
年级		是		是
常数	- 0.06***	- 0.04	- 0.06***	- 0.37**
	(0.02)	(0.14)	(0.02)	(0.17)
观测值	9011	9011	6313	6313
R^2	0.348	0.369	0.453	0.469

注：1. 在班级层面的聚类稳健标准误显示在括号里，*** 表示 $p < 0.01$，** 表示 $p < 0.05$，* 表示 $p < 0.1$。

2. "家庭资产"变量通过 PCA 方法将有关资产的一系列虚拟变量（如家用电器、小轿车）加总计量得出。如果家庭资产低于中位数，那么这个值取值为 1，否则为 0。

3. 由于陕西省没有样本学生同时参加阅读测试与数学测试，因此研究仅使用贵州省、江西省参加了测试的样本学生的数据。

资料来源：作者调查。

本章小结

本章采用调查数据，描述分析中国农村地区小学生的阅读能力发展状况。在陕西省、贵州省和江西省研究样本框内，本研究采用标准化阅读测试对农村地区小学生的阅读能力发展状况进行了测评。首先，数据分析结果表明，整体上所有样本地区的农村小学生阅读能力均相对较差。结合 PIRLS 结果发现，与参与 PIRLS 测试的 45 个国家或地区相比，三省份农村样本地区学生的平均阅读成绩居后位。其次，对比分析结果发现，三省份样本地区的学生阅读能力发展水平具有差异性。从标准化阅读测试平均成绩来看，陕西省样本学生的标准化阅读测试成绩明显比贵州省和江西省样本学生的标准化阅读测试成绩高，且具有统计意义上的显著性差异。将各省份样本学生测试结果与 PIRLS 国际测试结果相比，贵州省和江西省样本学生的平均阅读测试成绩均低于其他国家或地区参与测试学生的平均阅读成绩，而陕西省样本学生的平均阅读测试成绩仅高于 5 个国家或地区学生的阅读测试成绩。

除实证分析样本地区农村小学生的阅读能力发展水平外，本研究结果也揭示了农村小学生阅读能力与其他学科学业表现的相关关系，学生较差的阅读表现会影响学生在其他学科上的学业成绩。回归分析数据结果显示，样本地区农村小学生的阅读成绩和学业成绩之间存在统计意义上的显著正相关关系。该结果意味着，如果相关教育部门不及时采取措施促进农村地区小学生阅读能力发展，小学生较低水平的阅读能力也会对他们进行其他学科的学习造成阻碍与负面影响，最终不利于缩小城乡之间的教育差距。

在促进农村小学生阅读能力的发展方面，本研究尝试识别哪些特征群体的农村小学生在阅读发展过程中面临更大的阻碍，即哪些特征群体的学生在标准化阅读测试中得分的显著性更低。为此，本研究聚焦于学生群体特征的三方面：学生性别、户籍类型和是否住校。我们采用实证数据研究分析了样本地区农村小学生的标准化阅读测试成绩是否会在学生性别、户籍类型和是否住校方面存在统计意义上的显著性差异。异质性分析结果表明，样本地区的男生、农村户籍类型的学生、住校生和来自贫困家庭的学生在阅读测试中的成绩相对更差，且结果具有统计意义上的显著性差异。

第五章　农村小学生阅读能力发展的影响因素分析

　　在摸清中国农村地区小学生阅读能力发展现状后，本研究尝试基于微观视角，从学生个人、学校和家庭三方面分析农村地区学生的阅读环境，从而探索影响学生阅读能力发展的可能潜在因素。本研究采用大规模实证分析数据，识别可能会阻碍学生阅读能力发展的关键因素，对及时帮助和提高农村地区学生的阅读能力有重要意义。

　　通过对相关文献的梳理总结发现，小学生阅读能力的发展与其学校环境、学生阅读态度以及家庭环境密切相关（Greenwald et al.，1996；Christian et al.，1998；Davis-Kean，2005；Lietz，2006；Martin and Mullis，2013）。因此，本章主要围绕学校环境、学生阅读态度、家庭环境和家长外出务工情况进行研究，具体安排如下：首先，通过文献综述回顾学校环境、学生阅读态度、家庭环境以及家长外出务工如何影响农村地区小学生阅读能力的发展；其次，通过描述性统计分析法、多元回归方法等分别对学校环境、学生阅读态度、家庭环境、家长外出务工情况进行实证描述与检验，厘清影响农村地区学生阅读能力发展的关键因素。

第一节　影响因素文献回顾

一　学校环境

现有证据表明，学校教育资源对学生阅读成绩的提高有积极促进作用（Greenwald et al.，1996；Davis-Kean，2005；Dahl and Lochner，2005）。首先，从保证学生阅读活动良好开展的图书资源来看，文献指出中国农村地区学生在阅读资源上相对较为缺乏，这可能是造成学生阅读行为表现不佳的一个主要原因。实际上，在保证学生在校阅读资源方面，政府自 2003 年起就出台政策加强学校图书馆的投资与建设，确保了农村地区学校图书馆的配置。因此，我们所调研地区的样本学校也几乎全部配置有学校图书馆。但相关研究显示，平均每年中国印刷 4.6 亿本儿童读物，平均每位儿童约有 1.3 本（庄建，2010；刘国松，2014），每年约 30% 的城市地区学生购买了超过 80% 的儿童读物。因此，与城市地区学生相比，我们怀疑农村地区拥有的图书资源仍相对有限。

其次，文献指出学校和教师构建的良好教学环境，不仅对学生阅读发展有很好的促进作用，还会帮助贫困地区的学生克服家庭经济因素对其阅读发展造成的负面影响（McGuigan and Hoy，2006）。相关研究结果指出，通过在校教师的教导，比如让学生相信自己有较好的学习能力并且可以取得较好的学业表现，会提高学生的自信心（Schunk，1991；Pajares and Valiante，1997）。提高阅读自信心和阅读参与度，可以在一定程度上弥补家庭社会经济因素给贫困学生带来的阅读负面影响（Wigfield and Guthrie，1997）。与发达国家相比，发展中国家学校教学资源可能在学生的阅读发展中起到更为重要的作用（Lee and Zuze，2011）。为促进学生阅读能力的发展，学校和教师应在创造阅读环境的同时，为学生提供一系列的阅读指导（Mullis et al.，2012）。但现阶段很少有学者关注中国农村地区学校和教师的阅读教学状况，缺乏实证研究了解教师在阅读教学方面的具体实施情况，且缺乏文献分析中国农村地区在国际水平上的差距（李艳芳，2017；陈建辉，2017）。

二 学生阅读自信心

学生的阅读态度，比如阅读自信心，也是影响学生早期阅读能力发展的关键因素。既往文献已经针对学生阅读态度与其阅读表现和学业成绩之间的相关关系进行了阐述（Pajares and Valiante，1997；Pajares and Valiante，1999）。实证研究结果也表明阅读态度较好的读者更有可能在阅读成绩和学业成绩上表现良好（Bastug，2014；Kavanagh，2019；Nootens et al.，2019）。作为阅读态度的关键方面，阅读自信心也被证实对学生的阅读表现有正向影响（Schunk et al.，1987；Schunk and Swartz，1993）。阅读自信心通常是指对于自我阅读能力的信念力（Chapman and Tunmer，1995；Chapman et al.，2000；Morgan and Fuchs，2007）。正如自我信念感、阅读自信心会通过影响学生的阅读行为，从而促进学生阅读能力的提升（Retelsdorf et al.，2011；Kavanagh，2019）。文献实证结果表明，对自我阅读能力越是充满信心的学生，越有可能成为阅读积极性高的学生，并且越有可能加强学习不断提高他们的阅读能力（Charlton et al.，2005）。一些研究进一步指出，阅读自信心和学生阅读表现之间可能存在因果关系（Schunk and Swartz，1993；Rinehart，2001）。

此外，学校环境和教师教学实践，被认为是提高学生自信心的重要因素。通过在校教师的教导，比如，让学生相信他们有很强的学习能力并且可以在学业成绩上有良好表现，会使学生提高他们的自信心（Pajares and Valiante，1997）。提高学生的阅读自信心，促进学生积极参与阅读活动，可以在一定程度上弥补家庭社会经济因素对贫困家庭的学生造成的负面影响。也就是说，来自低收入家庭的学生如果有很好的阅读自信心，可能会比那些来自高收入家庭但缺乏阅读自信心的学生有更好的阅读表现，或者在阅读指导下阅读表现水平会有更快的提高（Wigfield and Guthrie，1997）。

在认识到阅读自信心的重要作用后，已有很多学者研究学生阅读自信心及其相关因素，但是现有研究主要关注发达国家或高收入国家的情况，很少有文献研究发展中国家或中低收入国家的情况。与发达国家或高收入国家相比，发展中国家或中低收入国家有其特点，不仅在教育资源可及性上有很大差别，同时在社会文化方面的差异导致其在教育体制、教育方式方面也可能存在很大差异（Glewwe，2002；Glewwe et al.，2011）。因此，研究发展中国家学生阅读自信心以及学校环境和教师教学实践如何影响学生阅读自信心也十分有意义。一些研究发现，很多发展中国家学生的读写能力和阅读能力较差（Thorndike，1976；Goldstein，2004）。然而在现有研究中，仍缺乏分析发展中国家学生阅读能力和阅读自信心的相关关系的研究，以及学校环境和教师教学实践如何影响学生阅读自信心的实证研究。

中国不仅代表了发展中国家的情况，更代表了亚洲发展中国家的情况。研究指出，评估亚洲学生的阅读自信心极其重要。来自亚洲国家的学生，与其他国家或地区的学生相比，通常在学业成绩或学习能力上的自信心表现有很大差异。早期一些国家的对比研究发现，在常识问题回答上（比如，欧洲土地面积是否比美国大），亚洲国家的学生比英国和美国的学生的自信心更高（Wright et al.，1978；Wright and Phillips，1980；Yates et al.，1989；Yates et al.，1996）。然而，一些研究却得出与之完全相反的观点，其分析结果表明，在数学或其他学科的学习上，亚洲学生与美国学生相比，更缺乏自信心（Krauthammer，1990；Salili et al.，2001）。就阅读而言，由汉字组成的词汇比由英文字母组成的词汇，可能学习起来更困难，从而可能会降低学生的阅读自信心。因此，亚洲国家学生与其他国家学生在阅读自信心方面的国际对比研究仍有重要的意义，但进行此类对比研究的相关文献较为缺乏。与城市地区相比，我国农村地区学生在学业表现上展现的自信心相对不高（耿立楠，2012；尉崇江、于曰庆，2015；崔向明、张骅，2019）。此外，农村地区学生所在学校教学环境相对较差、学校资源相对不足，这些可能都会导致农村地区学生的阅读自信心相对较低（耿立楠，2012；尉崇江、于曰庆，2015）。

三 家庭环境

父母在家里提供的教育资源对孩子的发展至关重要（Becker and Tomes，1986；Gustafsson et al.，2013）。家庭参与与投入是影响学生阅读能力发展的重要因素（Christian et al.，1998；Davis-Kean，2005）。父母和家庭教育环境对儿童发展至关重要（Becker and Tomes，1986）。学生家庭资源的可及性与家长的教育行为会影响学生的学业表现，进而对学生生活与工作产生长期影响（Yeung et al.，2002；Tse et al.，2016）。大量实证研究已发现家庭阅读环境会在很大程度上影响学生的阅读表现（Tse et al.，2016；Boerma et al.，2017）。文献指出，有助于学生进行阅读的家庭环境会促进学生语言技能的发展，最终促进学生阅读能力的提升。研究发现，高收入家庭的儿童与同龄儿童相比，更有可能取得更高的阅读成绩（Davis-Kean，2005；Dahl and Lochner，2005）。简而言之，高收入家庭更有可能为学生提供充足的阅读资源，并为学生提供更优质的家庭教育，因而学生的阅读能力更有可能在家庭环境中获得有利的发展。大量实证研究也进一步发现，家庭阅读环境与学生阅读发展水平存在显著的积极正相关关系（Park，2008；Chansa-Kabali and Westerholm，2014）。

在意识到家庭阅读环境的重要性后，许多实证研究开始评估家庭阅读环境对学生阅读能力的影响。尽管文献已证实家庭阅读环境的重要性，但现有研究大部分集中于西方发达国家，且主要关注幼儿园及一、二年级的学生（Chansa-Kabali and Westerholm，2014）。很少有研究评估家庭阅读环境对高年级小学生的影响（Sénéchal and Jo-Anne，2014；Boerma et al.，2017）。不同于早期阶段学生阅读能力的培养，学生在四、五年级的阅读能力的培养依然很关键。比如，学生在该阶段需要学习如何创造和提取文本信息（Katzir et al.，2009；Woolley，2011；Boerma et al.，2017）。因此，影响四、五年级学生阅读能力的因素可能有所不同，仍需要进一步分析。此外，相关研究还进一步指出，经济发展与社会文化特征会影响家庭阅读环境与学生阅读成绩之间的相关关系，因此家庭阅读环境与学生阅读表现的相关性在不同国家之间是不一致的（Farkas and Beron，2004；Myrberg and Rosén，2009；Gustafsson et al.，2013；Araújo and Costa，2015）。Park（2008）的研究结果指出，与发展中国家的学生相比，家庭阅读环境可能对发达国家学生的阅读表现的影响更大。与发达国家相比，发展中国家家长的教育水平相对较低，仍需要更多的实证研究分析家庭环境对发展中国家的学生，尤其是四、五年级学生的阅读能力发展的影响。

　　针对我国学生家庭环境的分析主要集中于城市地区，很少有研究关注家庭阅读环境对农村学生阅读能力发展的影响。既往家庭阅读环境的研究结果发现，现阶段中国城市地区的学生阅读表现较好，学生较好的阅读表现部分原因得益于学生良好的家庭阅读环境（Li and Rao，2000；Ning et al.，2016）。然而，通常认为与城市地区学生相比，农村地区学生不仅在学校获得的教育资源有限，而且家庭环境可能也与城市地区学生存在差距（Mullis et al.，2012；Chansa-Kabali and Westerholm，2014；Li et al.，2015）。一些城市地区的家庭平均约有 51 本儿童读物，50% 以上的家庭每年至少购买超过 10 本图书。一些针对农村地区的研究却发现，40%～70% 的农村地区学生很少有 10 本以上图书（邓义英，2006；李欣业等，2014；盛振

学，2014）。Wang 等（2020）发现，在欠发达农村地区，低于 10%
的小学生家长会为其购买课外书，且 70% 的学生家里拥有的图书总
量不超过 10 本。城市和农村地区的阅读资源差距不仅来源于家庭阅
读资源，在公共资源和学校图书馆资源方面也有差距（乔菊英和李
蕊平，2009；王会军，2012；Lu，2013）。一些偏远农村地区甚至没
有图书馆和书店（李欣业等，2014；Wang et al.，2020）。即使一些
农村学生能够阅读，事实上他们可选的阅读种类也很少（庄琴和杜
学元，2007；盛振学，2014；Wang et al.，2020）。然而，现有研究
仍无法获悉农村地区的家庭阅读环境情况以及家庭阅读环境对学生
阅读能力发展的影响。

四　家长外出务工情况

随着城市非农就业机会的不断增多，对初级劳动力的需求不断
扩张，越来越多的农村劳动力不再从事收入较低的农业劳动，不断
涌向城市寻找非农就业机会，造成了中国农村劳动力的大规模流动
（Shi，2008；Li et al.，2015）。国家统计局数据显示，2010~2019
年我国农民工总量从 24223 万人增至 29077 万人。《2019 年农民工监
测调查报告》指出，在全部农民工中，男性占 64.9%，女性占
35.1%，拥有初中文化程度的农民工比例达 56%。

由于中国户籍制度的限制，农村劳动力尽管在城市工作，在没
有城市户籍的情况下，依然没有权利获取城市户籍居民享有的社会
保障服务和医疗福利（John et al.，1999；Shi，2008；Wong et al.，
2009；Zhang，2010）。大部分的农村外出务工劳动者通常在中小型
企业从事体力劳动，每天工作时间较长，但能赚取的工资数额却相
对较低（Wong，2007；Shi，2008）。除此之外，外出务工劳动者的
子女在城市里生活也会受到很多限制（Wong et al.，2009）。在户籍
制度的影响下，农村户籍的儿童无法享受到城市户籍儿童的同等待
遇，他们无法像城市儿童一样进入当地公立中小学接受免费的九年义

务教育（Fleisher and Yang，2003；Wong et al.，2009；Bi and Oyserman，2015）。高成本的开支也让很多农村外出务工的劳动力更愿意将子女留在农村老家，成为农村留守儿童（Lai et al.，2009；Wu et al.，2015）。

农村劳动力外出务工对留守儿童的教育产出具有双面性影响。一方面，由于缺乏家长的陪伴与监管，留守儿童在家中获得的学习陪伴与学习指导减少（Mckenzie and Rapoport，2011）。此外，家长外出务工可能会造成农村留守儿童承担更多的家务，从而减少其有效学习的时间长度（Mckenzie and Rapoport，2007）。众多研究表明，相比其他同龄儿童，农村留守儿童的心理健康状况可能相对较差（侯洋和徐展，2008；Jia and Tian，2010；Wu et al.，2015），而学生的心理健康状况会在很大程度上影响学生的学业表现（Lahaie et al.，2009）。另一方面，由于外出务工的农村劳动力收入相对较高，可能会促使其对子女的教育投资增加，比如，为子女购买更多的图书，为子女提供更优质的教育资源，因此农村留守儿童的学业表现力可能会相对提高（Antman，2012）。

众多研究试图采用实证方法来探究中国农村劳动力外出务工对留守儿童教育的影响（Zhao et al.，2014），但现有研究的结果并不完全一致。部分研究发现父母外出务工对留守儿童的教育有负面影响（Liang and Chen，2007；Meyerhoefer and Chen，2011；Lee，2011；Wen and Lin，2012），也有部分文献指出父母外出务工有益于留守儿童的学业表现（Chen et al.，2009；Lai et al.，2009）。但也有研究发现父母外出务工与学生学业表现之间并不存在显著的相关性（叶敬忠等，2006；陈欣欣等，2009；Zhou et al.，2015）。除研究结果的不一致外，在测量学生教育产出的指标变量上也存在不一致。现有研究主要采用学生数学成绩和语文成绩测量学生的学业表现，几乎没有研究将学生阅读能力作为衡量学生教育产出的指标。阅读能力不同于数学学习与语文学习，需要大量的阅读积累，家庭阅读环境与父母陪伴指导更加重要。因此，将学生阅读能力作为衡量教育产出的重要指标，衡量中国农村劳动力外出务工对其子女阅读能力的影响也十分必要。

第二节 农村小学的阅读教学环境*

研究已证实，学校阅读资源与阅读教学环境是帮助学生开展有效阅读的必要条件，学校阅读资源与阅读教学环境直接影响学生阅读能力的发展，因此可以作为评估学生学校阅读环境的两大维度。本节的目标是借鉴国际测量工具 PIRLS 从学校和教师角度分析中国农村小学的阅读资源与阅读教学现状，厘清阻碍学生阅读能力发展的阅读教学因素。本节首先评估中国农村样本地区小学阅读资源与教学情况，并与 PIRLS 测评的其他国家或地区进行国际对比，了解样本地区农村学校的国际差距；其次，探讨分析现阶段中国农村学校阅读教学方式，如教师教育背景、教师阅读培训、教师阅读指导策略方法和教学资源与学生阅读能力之间的关系。

一 数据收集及计量模型

（一）数据收集

本节使用的样本数据来自 2015 年对贵州省和江西省共 150 所农村小学的校长、教师和四年级学生的问卷调查。调查问卷共收集了三部分信息。第一部分是学生的个人特征和家庭背景特征信息，本部分主要关注了学生年龄、学生性别、学生本学期是否住校、学生兄弟姐妹在读数量、学生父母文化程度以及学生父母是否外出打工等信息。第二部分主要收集学校的阅读资源信息，包括学校图书馆

---

* 如果读者感兴趣，与本节相关内容可参考：贾米琪、高秋风、彭兰晰、聂景春、王欢、周倩：《我国农村小学阅读教学现状——基于贵州省和江西省 150 所农村小学 PIRLS 测试问卷分析》，《华东师范大学学报》（教育科学版）2020 年第 38 期。

藏书量、班级图书角配备情况以及学生从学校借阅图书情况。第三部分主要关注样本地区学校和教师的阅读教学情况。为进行国际比较，调查问卷内容与 PIRLS 访谈问卷内容一致。首先，收集教师教育背景信息，包括教师最高学历和是否专业学习过阅读和语言理论知识（主要关注阅读理论、阅读教学方法和语文三方面理论知识）。其次，了解教师在工作中接受的阅读培训信息，主要问题为过去两年教师参加阅读培训的总时长。再次，为探究教师阅读指导和阅读教学资源，测量教师在阅读教学时培养学生阅读能力的策略方法和阅读教学中使用的阅读资源。具体策略方法和阅读资源类型如表 5－1 所示，其中，阅读教学中使用的阅读资源主要有儿童读物、教科书、阅读系列教材、练习册或练习本和阅读教学学习软件，培养学生阅读能力的策略方法主要关注九大类。最后，为评估学校阅读环境，通过校长问卷获取学校最早从几年级开始培养学生阅读技能的信息。而阅读技能主要包含小学阶段学生阅读发展的 11 项关键技能培训，校长问卷也是基于 PIRLS 访谈问卷进行设计的（见表 5－2）。

表 5－1　教师在进行阅读教学时使用的策略方法和阅读资源类型

	具体列表
培养学生阅读能力的策略方法	1. 查找文章中的信息
	2. 找出文章主旨大意
	3. 解释说明对文章的理解
	4. 文章内容和个人亲身经历结合
	5. 文章内容和其他文章对比联系
	6. 预测文章下部分内容
	7. 对文章进行概括和推理
	8. 描述文章的写作风格和结构
	9. 揣摩作者写作意图

续表

	具体列表
	1. 儿童读物
	2. 教科书
阅读教学中使用的 不同阅读资源	3. 阅读系列教材
	4. 练习册或练习本
	5. 阅读教学学习软件

表 5-2 学校开始培养学生阅读技能的最早年级量表问题

量表问题	问题选项
读句子	
读文章	
在文章中寻找需要的信息	
总结文章的主要意思	1 = 一年级或更早;
阐述对文章的理解	2 = 二年级;
将个人经历和文章中的内容做比较	3 = 三年级; 4 = 四年级;
比较不同的文章	5 = 五年级;
预测文章接下来的内容	6 = 六年级;
根据文章进行总结和推断	7 = 都不是
描述文章的风格和结构	
揣摩作者的写作意图	

(二) 计量模型

为评估中国农村地区学校和教师阅读教学测量指标与学生阅读能力之间的关系,本小节使用最小二乘法,在控制学生个人特征和家庭背景特征的基础上,测量教师教育背景、阅读培训、阅读指导策略方法、阅读教学资源和学校阅读环境对学生阅读成绩的影响。为分析阅读教学因素对学生阅读成绩的影响,我们分别将各观测因素与学生阅读成绩进行 OLS 回归,该群组回归模型如下:

$$Y_{ijc} = \alpha_0 + \beta_0\,T_{jc} + \theta_0 X_{ijc} + \varepsilon_{ijc} \tag{5-1}$$

Y_{ijc} 代表学生标准化阅读测试成绩，T_{jc} 代表教师教育背景、阅读培训、阅读指导策略方法、阅读教学资源和学校阅读环境。X_{ijc} 包含一系列的控制变量，包括学生年龄、学生性别、学生本学期是否住校、学生兄弟姐妹在读数量、学生父母文化程度以及学生父母是否外出打工。在回归模型中，我们也调整了班级层面的聚类稳健标准误。本节用到的具体控制变量的描述性统计见表 5-3。

表 5-3　江西省样本地区学生控制变量描述

变量描述	平均数	标准差	极小值	极大值
学生年龄	10.66	0.80	7.00	15.00
学生性别（1 = 男生）	0.53	0.50	0.00	1.00
学生本学期是否住校（1 = 是）	0.08	0.26	0.00	1.00
兄弟姐妹在读数量（1 = 至少 1 个）	0.58	0.49	0.00	1.00
父亲文化程度（1 = 初中及以上学历）	0.50	0.50	0.00	1.00
母亲文化程度（1 = 初中及以上学历）	0.32	0.47	0.00	1.00
学生父亲是否外出打工（1 = 是）	0.49	0.50	0.00	1.00
学生母亲是否外出打工（1 = 是）	0.41	0.49	0.00	1.00

资料来源：作者调查。

为进一步分析在现有因素的互相影响下，哪些因素对提高学生阅读成绩更为显著，我们将所有可观测因素放入同一回归模型中，具体模型如下：

$$Y_{ijc} = \alpha + \beta\,Edu_{jc} + \gamma\,Kno_{jc} + \delta\,Train_{jc} + \mu\,Instru_{jc} +$$
$$\sigma\,Resou_{jc} + \varphi\,Sch_{jc} + \theta'\,X_{ijc} + \varepsilon_{ijc} \tag{5-2}$$

与式（5-1）一致，Y_{ijc} 代表学生标准化阅读测试成绩，Edu_{jc} 代表教师的学历水平，Kno_{jc} 代表教师专业学习过语言或阅读理论知识，

$Train_{jc}$ 代表过去两年教师接受的阅读培训时长，$Instru_{jc}$ 代表教师指导学生阅读时采用的策略方法，$Resou_{jc}$ 代表教师在阅读教学时使用的阅读资源类型，Sch_{jc} 代表学校开始培养学生阅读技能的最早年级。控制变量 X_{ijc} 与式（5-1）的控制变量完全一致。在回归模型中，我们也调整了班级层面的聚类稳健标准误。

二 农村小学阅读资源分析

（一）样本地区学生群体特征

如表5-3所示，农村样本地区学生中，男女生数量几乎各占一半（男生占53%），8%的样本学生是寄宿制学生。样本地区学生的父母教育水平相对较低，仅一半学生的父亲的文化程度达到初中及以上水平，学生的母亲的文化程度达到初中及以上水平的比例仅约为1/3。此外，这些样本学生中留守儿童比例较高，有49%的学生的父亲在外打工，有41%的学生的母亲在外打工。因此，样本地区学生与城市地区学生相比有非常大的差异性。再次强调，样本地区学生主要代表了农村欠发达地区的情况，无法代表中国整体平均水平。

（二）学校图书资源

从学校图书资源来看，样本数据证实，有78%的学生均了解到学校配备了图书馆。在学校图书馆藏书量上，共计61%的样本学生所在学校图书馆的藏书量大于等于500册，21%的样本学生学校图书馆藏书量大于等于5000册。与参与PIRLS测试的其他国家或地区整体相比，农村样本地区学生所在学校图书馆藏书量排在第22位（见表5-4）。虽然农村样本地区学校图书馆藏书量与中国香港和中国台北的差距较大，但与PIRLS测量的国际平均水平相比，差距相对不大。

尽管在图书馆藏书量上农村样本地区并不处于落后地位，但从贵州样本学校的访谈结果发现，仅有38%的样本学生在调研学期会每周从学校图书馆借阅图书。超过 3/4 的样本学生表示他们很难从学校图书馆发现自己感兴趣的图书。此外，一些媒体和相关文献似乎也证实了这一点，许多欠发达农村学校的图书馆很少被高效利用（Wang et al.，2020）。有相关报道指出，一些农村学校图书馆开放时间较少，尽管上级政府会监督视察，但仍存在只有在视察时学校才全天开放图书馆的情况。这可能是因为农村地区学校在购置图书方面经费紧张，图书资源更新速度较慢，无力承担图书折损费用和图书管理费用。

表 5－4 对比分析学校图书馆藏书量的学生比例

	5000 册及以上	500～5000 册	500 册以下	没有图书馆	排名
	学生比例（％）				
中国台北	90	9	0	1	1
中国香港	82	18	0	0	2
中国农村样本地区	21	40	17	22	22
PIRLS 测量的国际平均水平	28	40	18	14	—

注：1. 除中国农村样本地区外，共有 45 个国家或地区。

2. 排在前五位的国家或地区为中国台北、中国香港、新加坡、丹麦、斯洛文尼亚；排在后五位的国家或地区为德国、特立尼达和多巴哥、奥地利、荷兰、摩洛哥。

资料来源：PIRLS 2011 年国际调查和作者调查。

（三）班级图书资源

除了解学校图书馆图书资源外，我们也调查获取了样本学校拥有班级图书角的比例。所谓班级图书角，即在学生班级内有可以借阅的图书资源。班级图书角相比学校图书馆的优势在于，在班级内部的图书可及性更强，借阅时间上也更为灵活。在实际调查中考虑到样本学校的配置设施，无论班级图书的存放地点为固定书柜或简易书桌等，我们均认为样本学校拥有班级图书角。整体而言，在调研时期拥有班级图书角的样本学生比例较低，仅为

26%，与参与 PIRLS 的其他国家或地区相比，居后位（见表 5 - 5）。中国香港和中国台北拥有班级图书角的学生比例均超过 90%，在国际排名中，分别排第六和第七。与 PIRLS 测试的整体水平相比，中国农村样本地区拥有班级图书角的样本学生比例还很低，与国际平均水平还有一段距离。

表 5 - 5   对比分析拥有班级图书角的学生比例

	拥有班级图书角学生比例（%）	排名
中国农村样本地区	26	46
中国香港	95	6
中国台北	92	7
PIRLS 测量的国际平均水平	72	—

注：1. 除中国农村样本地区外，共有 45 个国家或地区。

2. 排在前五位的国家或地区为中国台北、中国香港、新加坡、丹麦、斯洛文尼亚；排在后五位的国家或地区为德国、特立尼达和多巴哥、奥地利、荷兰、摩洛哥。

资料来源：PIRLS 2011 年国际调查和作者调查。

三   农村小学阅读教学环境描述分析

（一）教师教育背景

研究表明，师资水平是影响学生阅读发展和学业表现的重要因素，较好的师资水平可能会帮助贫困学生克服家庭经济因素产生的负面影响（Darling-Hammond，2000）。因此，本部分主要分析中国农村样本小学教师的学历水平。如表 5 - 6 所示，样本小学教师学历水平均为本科及以下，没有小学教师的学历为硕士研究生。仅 6% 的样本学生的教师学历为本科，41% 的样本学生的教师学历为大专，超过一半（53%）的样本学生的教师学历为中专及以下。

将样本地区与参与 PIRLS 测评的其他国家或地区按照教师学历指标排名，中国农村样本地区排名落后，居倒数第一（见表 5 - 6）。

表 5－6 显示，中国香港和中国台北在教师学历水平排名中相对靠前，分别为第 12 名和第 15 名。所有参与 PIRLS 测评的其他国家或地区的整体平均水平为：约 1/4（26%）的学生的教师最高学历为硕士研究生或更高学历，超过一半（53%）的学生的教师学历为本科。该构成比例说明中国农村样本地区学生拥有的学校师资水平仍十分薄弱。

表 5－6　不同教师学历的学生占比

	硕士研究生及以上（%）	本科（%）	大专（%）	中专及以下（%）	排名
中国农村样本地区	0	6	41	53	45
中国香港	33	59	7	0	12
中国台北	26	72	2	0	15
PIRLS 测量的国际平均水平	26	53	15	6	—

注：1. 瑞典没有收集该数据，不参与该排名，除中国农村样本地区外，共有 44 个国家或地区。

2. 排在前五位的国家或地区为斯洛伐克共和国、波兰、捷克共和国、芬兰和俄罗斯；排在后五位的国家或地区为克罗地亚、比利时、沙特阿拉伯、摩洛哥、中国农村样本地区。

资料来源：PIRLS 2011 年国际调查和作者调查。

除分析教师学历外，本部分还分析了教师专业学习过阅读和语言理论知识的情况。文献指出，除具备较高的学历外，教师专业知识水平也会影响教学水平，最终对学生成绩表现产生影响（Tucker，2011）。根据样本地区教师自报结果，如表 5－7 所示，约有 32% 的样本学生的教师系统学习过阅读理论知识，59% 的样本学生的教师系统学习过阅读教学方法，75% 的样本学生的教师系统学习过语文知识。

表 5 - 7　对比分析教师的阅读和语言理论知识的学生占比

	阅读理论知识		阅读教学方法		语文知识	
	学生比例（%）	排名	学生比例（%）	排名	学生比例（%）	排名
中国农村样本地区	32	22	59	27	75	23
中国台北	9	43	31	43	22	46
中国香港	22	32	71	12	83	16
PIRLS 测量的国际平均水平	33	—	62	—	72	—

注：除中国农村样本地区外，共有 45 个国家或地区。

资料来源：PIRLS 2011 年国际调查和作者调查。

　　尽管中国农村小学教师学历较低，但与其他国家或地区相比，中国农村样本地区小学教师专业学习过阅读和语言理论知识的学生比例相对较高（见表 5 - 7）。

（二）教师阅读培训

　　理论研究表明，教师接受阅读方面的培训有助于学生读写能力和阅读能力的提高，教师接受过一定量的阅读专业培训会影响学生的阅读成绩（Yoon et al.，2007；Biancarosa et al.，2010）。表 5 - 8 描述分析了在调研时期的过去两年，农村样本地区教师接受阅读培训的总时长。过去两年，教师没有接受过阅读培训的样本学生比例为 34%。在接受过阅读培训的教师中，51% 的样本学生的教师接受培训时间不足 16 小时，仅 15% 的样本学生的教师接受培训时间为 16 小时及以上。

　　与参与 PIRLS 测评的其他国家或地区相比，中国农村样本地区教师参与阅读培训的时间较短。如表 5 - 8 所示，在教师阅读培训的时间排名中，中国农村样本地区教师参与阅读培训时间至少为 16 个小时的学生比例居第 33 位。中国香港和中国台北在阅读培训时间的排名中分别居第 19 名和第 21 名，其样本地区教师参与阅读培训时间至少为 16 个小时的学生比例分别为 29% 和 25%。在调研的样本地区，中国香港和中国台北教师在过去两年未参加阅读培训的学生比例分别仅为 8% 和 11%，而在中国农村样本地区 34% 的学生的授课教师至少在两年内未参加过相关阅读培训。参与 PIRLS 测试的其他国家或地区整体平均水平为：教师参加阅读培训时间为 16 个小时及以上的学生比例为 24%，高于农村样本地区的学生比例；教师未参加过培训的学生比例为 25%，低于农村样本地区的学生比例。

表 5 - 8　教师参加不同阅读培训时长下的学生占比

	16 小时及以上 (%)	16 小时以内 (%)	未参加过培训 (%)	排名
中国农村样本地区	15	51	34	33
中国香港	29	63	8	19
中国台北	25	64	11	21
PIRLS 测量的国际平均水平	24	50	25	—

注：1. 除中国农村样本地区外，共有 45 个国家或地区。

2. 排在前五位的为以色列、罗马尼亚、伊朗、葡萄牙和格鲁吉亚；排在后五位的为英国、德国、芬兰、摩洛哥和法国。

资料来源：PIRLS 2011 年国际调查和作者调查。

（三）教师阅读指导策略方法和教学资源

高效的阅读指导有利于学生阅读能力的发展，教师在阅读指导实践时采用的测量方法和教学资源值得关注和研究（Mullis et al.，2012）。本部分分析农村样本地区教师在阅读指导时培养学生阅读能力的策略方法（见表 5 - 9）。在 PIRLS 列出的 9 项策略方法中，几乎所有农村样本地区教师均会使用"查找文章中的信息"、"找出文章主旨大意"和"解释说明对文章的理解"3 项策略方法。超过一半的学生的教师也会使用其余 6 项策略方法（"文章内容和个人亲身经历结合"、"文章内容和其他文章对比联系"、"预测文章下部分内

容"、"对文章进行概括和推理"、"描述文章的写作风格和结构"和
"揣摩作者写作意图")。

中国农村样本地区，与其他国家或地区相比，在各项策略方法
排名中，名次居中间或稍靠后。具体来看，如表5-9所示，在"找
出文章主旨大意""解释说明对文章的理解""描述文章的写作风格
和结构""揣摩作者写作意图"的策略方法中，中国农村样本地区
的排名均在前30名内。在"查找文章中的信息""文章内容和个人
亲身经历结合""文章内容和其他文章对比联系""预测文章下部分
内容""对文章进行概况和推理"的策略方法中，中国农村样本地
区排名相对落后。中国农村样本地区教师使用9项策略方法的学生
比例基本与参与PIRLS测试的国家或地区的学生的平均水平较为接
近，相差不大。

除阅读指导的策略方法外，本部分还进一步分析教师在阅读教
学时使用的阅读资源。如表5-10所示，中国农村样本地区教师对
阅读教学基础材料的使用相对较为单一，主要使用教科书作为教学
基础材料。在调查的学生样本中，95%的农村样本学生的教师会使
用教科书作为教学基础材料，38%的学生的教师也将练习册或练习
本作为教学基础材料，但更大比例（60%）的样本学生的教师会将
练习册或练习本作为教学补充材料。此外，儿童读物是中国农村样
本地区教师在进行阅读教学时的常用补充材料，79%的样本学生的
教师会选择使用儿童读物作为教学补充材料，但很少（4%的样本学
生的教师）会将其作为教学基础材料。而教师在利用阅读教学学习
软件方面，则主要将其作为教学补充材料使用，样本地区学生比例
达到42%，作为教学基础使用的学生比例仅为14%。

中国农村样本地区和参与PIRLS测评的其他国家或地区在教师
阅读教学时的阅读资源使用对比分析如表5-10所示。其中，中国
香港的教师除主要将教科书作为教学基础材料外，大部分教师也会
选择将练习册或练习本（63%的学生比例）作为教学基础材料。中

国台北地区主要以教科书、练习册或练习本和儿童读物作为教学基础材料。在五类材料的整体利用率上，即无论是作为教学基础材料还是作为教学补充材料，中国农村样本地区与中国香港和中国台北都主要在阅读教学学习软件使用上存在差异。中国农村样本地区总体比例仅为56%，中国香港和中国台北则分别达到89%和80%。将中国农村样本地区与其他国家或地区的整体平均水平进行对比分析发现，其在各类阅读资源利用率上差异较小。

（四）学校阅读环境

要培养学生成为好的阅读者，学生进入小学阶段以后，学校理论上应开始注重培养学生的阅读方法和阅读技能。假设学生在三年级开始开展阅读，那么学校至少应在学生一年级时就开始注重学生阅读技能的培养（Mullis et al.，2012）。表5-11描述分析了样本地区学校开始学生阅读技能培养的最早年级。在中国农村样本地区中，仅2%的学生所在学校在二年级或更早就开始培养学生的阅读技能，63%的学生所在学校在三年级开始培养学生的阅读技能，35%的学生所在学校最早于四年级开始培养学生的阅读技能。

根据学校培养学生阅读技能的最早年级排名，与其他国家或地区相比，中国农村样本地区排名靠后。如表5-11所示，在对中国台北进行调研的学生中，17%的样本学生所在学校在二年级或更早开始培养学生阅读技能，80%的样本学生的学校在三年级开始注重培养学生阅读技能。这一情况与在中国香港的调研结果类似，81%的样本学生所在学校在三年级开始培养学生阅读技能。从参与PIRLS测量的整体平均水平来看，68%的样本学生的学校在三年级开始培养学生阅读技能。按照学校从二年级或更早开始培养学生阅读技能排名，中国农村样本地区排名仅高于摩洛哥，位居倒数第二。按照量表得分排名，中国农村样本地区排名依然位居倒数第二。

表 5 – 9　对比分析教师阅读指导的策略方法

	查找文章中的信息		找出文章主旨大意		解释说明对文章的理解		文章内容和个人亲身经历结合		文章内容和其他文章对比联系		预测文章下部分内容		对文章进行概括和推理		描述文章的写作风格和结构		揣摩作者写作意图	
	学生比例（%）	排名	学生比例（%）	排名	学生比例（%）	排名	学生比例（%）	排名	学生比例（%）	排名	学生比例（%）	排名	学生比例（%）	排名	学生比例（%）	排名	学生比例（%）	排名
中国农村样本地区	95	36	97	20	96	27	80	32	67	32	57	35	72	33	69	27	69	24
中国台北	89	40	87	42	73	46	65	40	51	38	47	41	62	40	52	36	66	26
中国香港	100	1	96	26	96	27	81	29	70	29	78	21	84	21	77	18	82	11
PIRLS 测量的国际平均水平	96	—	95	—	95	—	81	—	70	—	74	—	80	—	66	—	63	—

注：教师要求学生至少每周一次使用各项策略方法。除中国农村样本地区外，共有 45 个国家或地区。

资料来源：PIRLS 2011 年国际调查和作者调查。

表 5－10　对比分析教师在阅读教学时使用的阅读资源

	儿童读物			教科书			阅读系列教材			练习册或练习本			阅读教学学习软件		
	教学基础学生比例（%）	教学补充（%）	排名	教学基础学生比例（%）	教学补充（%）	排名	教学基础学生比例（%）	教学补充（%）	排名	教学基础学生比例（%）	教学补充（%）	排名	教学基础学生比例（%）	教学补充（%）	排名
中国农村样本地区	4	79	45	95	4	8	18	75	25	38	60	28	14	42	9
中国台北	33	64	14	76	19	29	8	51	39	40	55	24	8	72	21
中国香港	10	83	36	96	4	6	13	69	29	63	36	5	22	67	2
PIRLS测量的国际平均水平	27	69	—	72	23	—	27	59	—	40	56	—	8	48	—

注：除中国农村样本地区外，共45个国家或地区。
资料来源：PIRLS 2011 年国际调查调查和作者调查。

表 5 - 11　对比分析学校培养学生阅读技能的最早年级

	学生比例（%）			平均得分	排名
	二年级或更早	三年级	三年级之后		
中国农村样本地区	2	63	35	7.53	45
中国台北	17	80	3	9.40	30
中国香港	16	81	3	9.50	31
PIRLS 测量的国际平均水平	28	68	4	—	—

注：1. 除中国农村样本地区外，共有 45 个国家或地区。

2. 排在前五位的国家或地区为英国、美国、澳大利亚、新西兰和以色列；排在后五位的国家或地区为波兰、阿曼、印度尼西亚、中国农村样本地区和摩洛哥。

资料来源：PIRLS 2011 年国际调查和作者调查。

四　学校阅读教学环境与学生阅读能力发展之间的相关关系

本部分分析了中国农村样本地区小学阅读教学因素与学生阅读成绩之间的相关关系。如表 5 - 12 所示，在控制一系列学生个人特征和家庭背景特征变量后，农村样本地区小学阅读教学因素与学生阅读成绩呈显著正相关关系（第 1 列至第 6 列）。具体来看，在控制学生年龄、性别、是否住校、兄弟姐妹在读数量、父母文化程度和父母外出务工变量后，数据分析结果表明，教师学历越高，其教授的学生标准化阅读测试成绩越好（相关系数为 0.09，显著性在 1% 水平下）。与此同时，教师系统学过的阅读或语言理论知识越全面，学生的标准化阅读测试成绩也相对越好（相关系数为 0.02，显著性在 10% 水平下）。教师参加阅读培训的时间越长，学生的阅读表现相对越好（相关系数为 0.11，显著性在 1% 水平下）。教师使用的阅读指导策略方法越多样化，使用的阅读资源越丰富，越有助于我国农村地区样本学生的标准化阅读测试成绩的提高，促进学生阅读能力的发展（相关系数分别为 0.03 和 0.07，显著性在 1% 水平下）。此外，学校开始培养学生阅读技能的年级越早，越有助于学生取得更好的阅读成绩（相关系数为0.08，显著性在1%水平下）。

本部分进一步利用多元回归模型，识别在阅读教学各因素的相互影响下，哪些因素对农村地区学生阅读成绩的提高影响更显著（见表5-12）。在六类指标的相关影响下，回归结果表明，相比于其他指标，现阶段教师学历和最近两年参加过阅读培训时长对中国农村学生的标准化阅读测试成绩的影响尤为显著，在1%的显著性水平下相关系数分别为0.08和0.07。

第三节　农村小学生的阅读自信心*

人的自信心是一种积极的情感体验，对人的发展有着积极的作用。自信心给学生带来学习的动力，自信心强的学生能够积极主动地学习，具有良好的学习习惯和行为习惯；自信心弱的学生可能对学习产生更强烈的消极心理。因此，学生自信心能够直接影响学生的学习和成绩。在阅读发展方面，现有研究已证实，阅读自信心对于学生的阅读表现有正向影响，然而，目前尚无实证研究揭示中国农村学生的阅读自信心发展水平，并缺少实证依据识别农村学生的阅读自信心在其阅读发展中的重要作用。本小节的主要目的是分析和评估中国农村学生的阅读自信心，进而在一定程度上了解亚洲发展中国家和中等收入国家学生的阅读自信心。为实现此目标，本小节共有三个具体目标。首先，利用PIRLS国际阅读测评工具，了解中国学生的阅读自信心水平，并与其他国家或地区学生的阅读自信心水平进行对比分析。其次，利用收集的中国农村样本学生数据，评估学生阅读自信心和阅读能力发展之间的相关关系，以及其相关关系在不同阅读能力群体中的变化情况。最后，探索分析影响学生阅

* 如果读者感兴趣，与本节相关内容可参考：Gao, Q., Wang, H., Chang, F., An, Q., Yi, H., Kenny, K., Shi, Y., "FeelingBad and Doing Bad: Student Confidence in Reading in Rural China", *Compare: A Journal of Comparative and International Education* 52 (2), 2022, pp. 269-288。

表 5－12 教师和学校阅读教学测量指标与与学生标准化阅读测试成绩的相关关系

变量	学生标准化阅读测试成绩						
	(1)	(2)	(3)	(4)	(5)	(6)	(7)
教师学历 (0＝中专及以下；1＝大专；2＝本科；3＝硕士研究生及以上)	0.09*** (0.02)						0.08*** (0.02)
教师系统学过阅读或语言理论知识 (0、1、2、3种)		0.02* (0.01)					0.01 (0.01)
过去两年教师参加过阅读培训时长 (0＝未参加培训；1＝16小时以内；2＝16小时及以上)			0.11*** (0.02)				0.07*** (0.02)
教师在进行阅读指导时培养学生阅读能力的策略方法 (0、1、2、3、4、5、6、7、8、9种)				0.03*** (0.01)			0.02*** (0.01)
教师在进行阅读教学时使用的阅读资源类型 (0、1、2、3、4、5种)					0.07*** (0.02)		0.03 (0.02)
学校开始培养学生阅读技能的最早年级 (1＝三年级或更早；0＝三年级之后)						0.08*** (0.03)	0.05* (0.03)
学生个人特征与家庭特征	是	是	是	是	是	是	是
常数项	0.24 (0.17)	0.23 (0.17)	0.23 (0.17)	0.04 (0.17)	-0.03 (0.18)	0.22 (0.17)	-0.07 (0.18)

续表

变量	学生标准化阅读测试成绩						
	(1)	(2)	(3)	(4)	(5)	(6)	(7)
观测值	6707	6707	6707	6707	6707	6707	6707
R^2	0.030	0.028	0.032	0.032	0.030	0.029	0.038

注：学生个人特征与家庭特征变量见表 5 - 3。在班级层面的聚类稳健标准误显示在括号里，*** 表示 $p < 0.01$，** 表示 $p < 0.05$，* 表示 $p < 0.1$。
资料来源：作者调查。

读自信心的学校环境和教师教学实践方面的相关因素。

一 数据收集及计量模型

(一) 数据收集

本节使用的数据与评估学校阅读环境的数据一致，来源于 2015 年从江西省和贵州省抽选的 135 所农村小学的四年级学生数据。研究收集的数据主要包括三部分。第一部分，本研究不仅测评了学生阅读成绩与学业表现，还进一步评估了样本地区学生的阅读自信心。学生阅读自信心的评估主要是基于 PIRLS 阅读自信心量表进行的实证测算评估。如表 5 – 13 所示，PIRLS 阅读自信心量表主要由七个测量条目构成。被访样本学生需要回答对每个测量条目的同意程度，即 "非常同意"、"比较同意"、"一般"、"比较不同意" 和 "非常不同意"。根据学生的回答，阅读自信心得分基于 PIRLS 标准进行换算后得出。

表 5 – 13　PIRLS 阅读自信心测试条目

测试条目	问题答案
1. 我阅读能力很强	
2. 阅读对我来说很容易	1 = 非常同意
3. 阅读对我来说比对其他学生更困难	2 = 比较同意
4. 如果一本书很有趣，我不在乎它读起来有多难	3 = 一般
5. 我读有生字的故事很困难	4 = 比较不同意
6. 教师告诉我，我是一个很会阅读的人	5 = 非常不同意
7. 对我来说，阅读比其他科目更难	

　　第二部分，我们借鉴 PIRLS 测试条目收集学校和教师的相关信息。调查的内容包括学生图书的可及性，以及教师性别、教育水平、教学经验、过去两年接受阅读专业培训的时长、学校从几年级开始强调学生阅读能力的培养以及教师是否会在阅读指导中使用儿童读物。相关内容的变量信息我们在上一节已做了具体介绍。此外，我

们还基于校长问卷访谈问题获取了学校的师生比状况。第三部分，我们收集了学生的个人背景特征，如性别、家庭藏书量、在家是否拥有自己的学习房间、母亲和父亲的受教育程度。

（二）计量模型

为评估影响中国农村小学生阅读自信心的相关因素，本研究采用多元回归分析方法，在控制学生基本特征和学业表现变量后，实证检验学生阅读自信心与阅读能力的相关关系以及学校图书可及性、教师个人特征和教师阅读指导等各类相关因素。我们主要使用 OLS 最小二乘法分析模型，具体模型如下：

$$Y_{ijc} = \alpha + \beta' Score_i + \gamma' Access_{jc} + \delta' Teacher_{jc} + \theta' X_{ijc} + \varphi_c + \varepsilon_{ijc} \quad (5-3)$$

其中 Y_{ijc} 代表来自县 c 学校 j 的学生 i 的阅读自信心。$Score_i$ 代表学生的阅读能力测试成绩。$Access_{jc}$ 变量代表学生在学校的图书可及性，即学校图书馆是否至少有 5000 本图书以及学生所在班级是否有班级图书角。$Teacher_{jc}$ 代表了教师的个人特征（包含性别、教育水平、教学经验、过去两年是否接受过专业培训四项观测指标）和教学实践（包含学生是否在四年级或四年级之后接受阅读技能指导、教师是否在阅读指导中使用儿童读物两项观测指标）。X_{ijc} 包含一系列的控制变量，即学生性别、学生语文或数学考试成绩、学校师生比、学生在家的图书量是否低于 10 本以及学生在家是否拥有自己的学习房间。该模型中也加入了县固定效应变量 φ_c，以控制样本县之间的差异。

除此之外，本研究还测量了在具有不同阅读能力的学生群体中学生阅读自信心和其相关因素的相关关系是否存在差异。为实现此目标，首先将学生基于阅读测试成绩分为三类群体：阅读成绩为前 1/3 的学生、阅读成绩为中间 1/3 的学生和阅读成绩为后 1/3 的学生。其次，在三类群体中分别进行式（5-3）关于阅读自信心的回归分析。

二　农村地区学生阅读自信心描述分析

通过和参与 PIRLS 测试的 45 个国家或地区对比发现，中国农村样本地区在阅读自信心上的排名非常落后（见表5-14）。调查数据显示，仅有11%的中国农村样本地区学生认为他们在阅读上很有自信心，68%的中国农村样本地区学生认为他们在阅读上的自信心不高，21%的中国农村样本地区学生认为他们在阅读上缺乏自信心。在阅读自信心上排名靠前的国家或地区主要是高等收入经济体，比如以色列、芬兰、奥地利和瑞典等。上述这些国家或地区中，接近一半样本学生被证实有很强的阅读自信心。有意思的是，尽管中国香港和中国台北经济发展水平和人均收入水平较高，但阅读自信心的排名并不靠前，只有20%、21%的参与考试的学生认为他们是很有阅读自信心的学生。是什么导致中国农村地区样本学生的阅读自信心低呢？尽管社会经济发展水平较差可能是其中的一个原因，但中国香港和中国台北的调查结果说明其学生阅读自信心差并不全是经济发展问题水平导致的，学生阅读自信心低可能是或者说部分原因是亚洲或东亚学生的特点。表5-14的数据结果也为 Krauthammer（1990）与 Salili 等（2001）的研究提供了支持，其研究发现在学业表现方面，亚洲学生普遍比美国学生自信心低。

表 5-14　对比分析学生阅读自信心占比

	很有自信心（%）	有些自信心（%）	没有自信心（%）	量表得分	排名
中国台北	21	57	22	9.20	43
中国香港	20	62	18	9.20	44
中国农村样本地区	11	68	21	8.89	46
PIRLS 测量的国际平均水平	36	53	11	—	—

注：1. 除中国农村样本地区外，共有45个国家或地区。
　　2. 排在前五位的国家或地区为以色列、芬兰、奥地利、克罗地亚、瑞典；排在后五位的国家或地区为法国、哥伦比亚、中国台北、中国香港、摩洛哥。
资料来源：PIRLS 2011 年国际调查和作者调查。

对中国香港和中国台北的调查结果似乎无法证实阅读自信心对学生阅读能力发展的重要作用。与阅读自信心相反，在阅读成绩的排名中，中国香港和中国台北的学生排名非常靠前。事实上，中国香港参与考试的学生在阅读测试成绩排名中位列第一，而中国台北参与考试的学生排在第 16 位（总共 45 个国家或地区），排名依然靠前（见图 4 - 3）。

什么原因导致中国香港和中国台北学生阅读测试成绩较高？就这两个亚洲经济体的案例来讲，可能的原因是，高收入产生的正面效应弥补了学生阅读自信心缺乏产生的负面效应。当观察所有参与 PIRLS 测试的国家或地区的学生阅读成绩和人均国民总收入时发现，国家收入水平和学生的阅读成绩之间有明显的正向作用（见图 5 - 1）。与其他国家或地区相比，中国香港的人均收入排在第 15 位，中国香港学生的阅读成绩排在第 1 位，而中国台北的人均收入排在第 25 位，中国台北学生的阅读成绩排在第 16 位。考虑到经济发展水平和收入水平越高的国家或地区越有可能有更好的阅读资源，本研究结果表明，尽管学生阅读自信心很重要，但获取充足的阅读资源对于学生的阅读能力发展也很重要。

三　阅读自信心与阅读能力发展的相关关系

尽管学生阅读自信心和阅读能力之间的相关关系在中国香港、中国台北与中国农村样本地区存在很大的差异，但将所有参与 PIRLS 测试的国家或地区纳入观察样本（包含中国农村样本地区），回归结果证明学生阅读自信心和阅读能力测试成绩在 5% 的显著性水平下正向相关，相关系数为 0.11。图 5 - 2 报告了各个国家或地区学生阅读自信心和 PIRLS 阅读能力测试成绩之间的相关关系。我们可以发现，在图 5 - 2 中，中国香港和中国台北均为异常值（学生阅读自信心过低、阅读能力测试成绩过高）。

图5-1 学生阅读能力与人均国民收入之间的相关关系

注：包含中国农村样本地区在内共46个国家或地区参与PIRLS测评。各地区人均国民收入来源于2016年世界银行报告。
资料来源：PIRLS 2011年国际调查和作者调查。

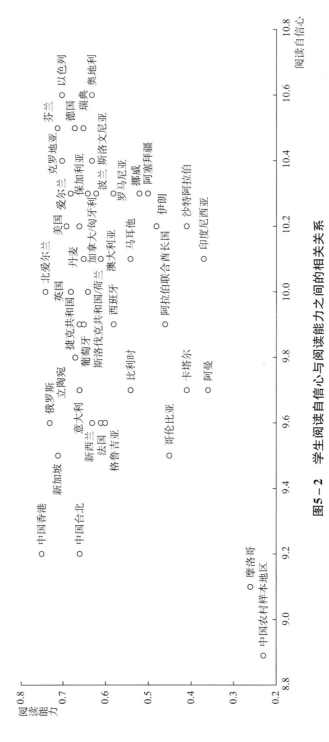

图5-2 学生阅读自信心与阅读能力之间的相关关系

资料来源：PIRLS 2011年国际调查和作者调查。

利用调查收集的中国农村地区样本数据，本研究进一步检验了中国农村地区学生阅读自信心和阅读能力测试成绩之间的相关关系（见表5－15）。表5－15中的样本数据结果显示，当控制学生图书可及性、教师个人特征变量、教学经验以及学生和学校个人特征变量时，中国农村地区样本学生的阅读自信心和标准化阅读能力测试成绩呈高度正相关关系，相关系数为0.24（显著性在1%水平下）。以上研究结果，与发现阅读自信心和阅读能力测试成绩之间存在正相关关系的文献研究结果相一致（Pajares and Valiante，1999）。

表5－15　样本地区学校阅读环境、学生阅读能力与阅读
自信心的相关关系

因变量	学生阅读自信心			
	总体样本	前1/3	中间1/3	后1/3
	（1）	（2）	（3）	（4）
阅读能力				
1. 标准化阅读能力测试成绩	0.24***	0.21***	0.27*	0.44***
	（0.02）	（0.05）	（0.13）	（0.09）
学生图书可及性				
2. 学校图书馆拥有图书5000本及以上（1＝是）	－0.11	－0.11	－0.07	－0.15
	（0.07）	（0.06）	（0.08）	（0.10）
3. 班级图书角（1＝是）	0.23**	0.12	0.14	0.43***
	（0.09）	（0.09）	（0.10）	（0.13）
教师特质和教学实践				
4. 教师性别（1＝女）	0.05	0.12	0.15	－0.12
	（0.08）	（0.09）	（0.09）	（0.13）
5. 教师拥有大专及以上学历（1＝是）	0.01	0.06	0.01	－0.03
	（0.09）	（0.08）	（0.11）	（0.12）
6. 教龄	0.01	0.01*	0.01	－0.00
	（0.01）	（0.01）	（0.01）	（0.01）
7. 教师在过去两年接受超过16小时的专业阅读培训（1＝是）	－0.10	－0.03	－0.25*	－0.02
	（0.15）	（0.15）	（0.12）	（0.23）

续表

因变量	学生阅读自信心			
	总体样本	前 1/3	中间 1/3	后 1/3
	（1）	（2）	（3）	（4）
8. 学校对学生阅读技能的培养在四年级或四年级以后（1 = 是）	- 0.05 (0.07)	- 0.14 * (0.07)	- 0.04 (0.09)	0.01 (0.11)
9. 教师使用儿童读物指导学生（1 = 是）	0.03 (0.07)	0.13 * (0.06)	0.02 (0.09)	- 0.09 (0.13)
控制变量				
10. 学生性别（1 = 女）	0.29 *** (0.04)	0.22 *** (0.05)	0.36 *** (0.07)	0.31 *** (0.07)
11. 标准化数学或语文测试成绩	0.17 *** (0.02)	0.09 * (0.04)	0.22 *** (0.04)	0.21 *** (0.05)
12. 师生比	- 0.71 (1.72)	- 0.56 (2.11)	- 0.40 (2.35)	- 1.34 (2.35)
13. 学生在家里拥有少于 10 本图书（1 = 是）	- 0.29 *** (0.04)	- 0.04 (0.06)	- 0.37 *** (0.07)	- 0.42 *** (0.08)
14. 学生在家里拥有独立的学习空间（1 = 是）	0.18 *** (0.03)	0.19 *** (0.06)	0.21 *** (0.06)	0.15 * (0.07)
15. 常数	8.73 *** (0.18)	8.40 *** (0.20)	8.61 *** (0.23)	8.84 *** (0.28)
观测值	4616	1524	1573	1519
R^2	0.122	0.060	0.081	0.098

注：1. 在班级层面的聚类稳健标准误显示在括号里，* * * 表示 $p < 0.01$，* * 表示 $p < 0.05$，* 表示 $p < 0.1$。

2. 按照标准化阅读能力测试成绩将学生划分为三类，第（2）至（4）列分别显示了排名为前 1/3、中间 1/3 和后 1/3 的学生群体。

资料来源：PIRLS 2011 年国际调查和作者调查。

将全部样本学生根据阅读测试成绩进行划分后，调查数据结果显示，学生阅读自信心与阅读能力测试成绩在阅读能力测试成绩相对较差的学生群体中相关关系较强，在阅读能力测试成绩相对较好的学生群体中相关关系较弱（见表 5 - 15）。具体来讲，在阅读能力测试成绩为后 1/3 的学生群体中,学生阅读自信心和阅读能力测试成绩的相关系数在 1% 的显著性水平下为 0.44;在阅读能力测试成绩为中间 1/3 的学生群体中,学生阅读自信心和阅读能力测试成绩的相关系数在 10% 的显著性水平下为 0.27;在阅读能力测试成绩为前 1/3 的学生群体中,阅读自信心和阅读能力测试成绩的相关系数在 1% 的显著性水平下为 0.21。这也就意味着,在中国农村地区学生阅读能力较差的情况下,学生阅读自信心的作用更加重要。要提高样本地区农村学生的阅读能力,提高其阅读自信心显得尤为重要。当学生家庭或者学生本人来自更富裕的地区,阅读能力差的学生可能有其他途径(比如开展阅读课或阅读项目给予的阅读资源)弥补阅读自信心缺乏的问题,从而提高阅读成绩。尽管研究无法验证这一假说,但从中国香港和中国台北的案例可以在一定程度上证实这一点(在学生阅读自信心较差但人均收入水平较高的情况下,学生阅读能力测试成绩较好)。

四 影响学生阅读自信心的相关因素

考虑到阅读自信心对学生阅读能力发展的重要性,本研究进一步分析影响学生阅读自信心的因素。如表 5 – 15 所示,图书可及性对学生阅读自信心的提高有积极的促进作用。回归分析结果显示,仅当班级存在图书角时,学生图书可及性才会影响学生的阅读自信心,尤其是对阅读能力较差的学生而言。在中国农村地区样本小学,学校图书馆的藏书量与学生阅读自信心没有统计意义上的显著相关性,但是班级图书角与学生阅读自信心有显著的正相关关系,相关系数为 0.23(显著性在 5% 水平下)。与此同时,班级图书角与学生阅读自信心的相关关系在阅读成绩较差的学生中更显著,相关系数为 0.43(显著性在 1% 水平下)。对于阅读成绩为前 1/3 和中间 1/3 的学生而言,班级图书角和学生阅读自信心为正向相关,但没有统计意义上的显著相关性。很多文献也发现班级图书角能够方便学生借阅图书杂志,成为学生日常阅读活动的重要组成部分(Fractor et

al.，1993；Worthy，1996）。导致中国农村地区样本学生阅读自信心
差的一个原因可能是班级图书角的缺乏，如上节的结果讨论所示，
中国农村地区班级图书角的拥有率最低（样本地区班级图书角拥有
率为26%）。这意味着，提高中国农村学生阅读自信心的一个主要
障碍是缺乏图书资源，无法为学生创造良好的读书环境。有意思的
是，在中国农村地区，学校图书馆和学生阅读自信心没有统计意义
上的显著相关关系。如上一节的结果讨论所示，许多欠发达农村学
校的图书馆很少被高效利用，这也许是学校图书馆和学生阅读成绩
没有显著相关关系的原因之一。因此，提高现有图书馆的利用率是
提高学生阅读自信心的一种有效方式。

　　除图书可及性外，我们发现学校环境、教师特征和教学实践也
与学生阅读自信心有关，尤其是针对阅读成绩较好的学生（见表 5 -
15）。具体来讲，针对阅读成绩较好的学生，教师教学经验（教龄）
与学生阅读自信心有显著正相关关系，相关系数为 0.01（显著性在
10% 水平下）。也就是说，教师越有教学经验，他所教授的学生在阅
读学习上越有自信心。另外，表 5 - 15 显示，在成绩为前 1/3 的学
生中，学校对学生阅读技能的培养在四年级或四年级以后，与学生阅
读自信心有显著的负相关关系，相关系数为 - 0.14（显著性在 10% 水
平下）。这也就意味着，如果样本学校对学生阅读技能的培养延迟到
四年级或四年级以后，那么阅读成绩较好的学生越有可能缺乏阅读自
信心。此外，阅读成绩较好的学生，更有可能从教师使用儿童读物指
导学生阅读中受益，提高阅读自信心，教师使用儿童读物指导学生和
学生阅读自信心有统计意义上的显著正相关关系，相关系数为 0.13
（显著性在 10% 水平下）。然而，以上这些教师特质和教学实践均和阅
读成绩差的学生的阅读自信心没有统计意义上的显著相关性。

五　部分扩展发现

　　考虑到中国香港和中国台北学生阅读能力测试成绩较高但阅读自

信心较差这一问题，本研究尝试对此进行进一步的分析和解释。中国香港和中国台北学生的阅读自信心差，部分原因可能是由文化造成的，Krauthammer（1990）和 Salili 等（2001）的研究已经对这一原因进行了解释。除此之外，学校和教师也起到了很重要的作用。分析结果发现，图书可及性仅与阅读成绩较差的学生的阅读自信心相关。根据 PIRLS 测试结果，中国香港和中国台北学生阅读能力较好，提高学生图书可及性可能不是提高阅读能力较强的学生的阅读自信心的有效方式。实际上，像中国香港、中国台北这些高收入发达地区，学生的图书可及性已经不再是个亟待解决的问题。表 5-5 显示中国香港和中国台北超过 90% 的学生拥有班级图书角。表 5-4 进一步证实中国台北 90% 的学生、中国香港 82% 的学生所在学校图书馆的藏书量已经至少有 5000 本。中国香港和中国台北在学生图书可及性方面已名列前茅。分析结果表明，对于阅读能力较强的学生，提高学生阅读自信心的关键是提供阅读指导。数据结果支持了我们的研究猜测，只有 16% 的中国香港学生和 17% 的中国台北学生在二年级或者二年级之前接受了主要阅读技能的培养和指导，在二年级或者二年级之前接受主要阅读技能培养和指导的学生比例排名中居后位（见表 5-11）。研究分析的结果发现，提高中国香港和中国台北学生阅读自信心的有效方式之一，是在儿童进入小学的早期阶段为学生提供主要阅读技能的培养和指导。

第四节　农村小学生的家庭阅读环境*

为儿童创造良好的阅读环境，是促进儿童养成好的阅读习惯和儿童阅读发展的基础。小学生的生活场所主要是家庭，家庭的投入

---

* 如果读者感兴趣，与本节相关内容可参考：Gao, Q., Zhang, Y., Nie, W., Liu, H., Wang, H., and Shi, Y., "It All Starts at Home: Home Reading Environment and Reading Out-comes in Rural China", *Journal of Research in Reading* 44 (3), 2021, pp. 529–553。

和参与对学生阅读能力的提高具有潜移默化的影响，家长应重视儿童阅读，树立正确的儿童阅读观念，注重培养儿童的阅读兴趣和良好的阅读习惯，尽可能为儿童提供良好的阅读环境。与城市地区学生家长相比，农村地区学生家长教育水平普遍相对较低，且在家庭教育投资与阅读环境上也有差距，因此可能在树立正确的儿童阅读观念、提供科学的阅读指导策略和营造和谐的阅读环境等方面存在不足。为此，本节的目标是分析中国农村小学生的家庭阅读环境情况，并实证评估家庭阅读环境对学生阅读能力发展的影响效果。为实现此目标，本节的具体安排如下：本研究将描述现阶段中国农村小学生的家庭阅读环境，重点围绕学生的家庭阅读资源、学生家长对阅读的喜欢程度以及学生家长的阅读态度三方面进行阐释；将中国农村样本地区的学生家庭阅读环境和参与 PIRLS 测评的其他国家或地区的学生情况进行对比分析；通过数据分析探讨家庭阅读环境对学生阅读成绩、阅读自信心和阅读行为的影响。

一 数据收集及计量模型

（一）数据收集

本部分使用的数据来自 2015 年在江西省农村地区 120 所小学开展的问卷访谈，由于 2 所学校未收集到完整的家庭环境相关信息，因此总共有 118 所学校纳入样本。本部分的研究主要包含两部分数据信息。第一部分数据信息重点关注学生阅读成绩、阅读自信心与阅读行为。如前文所述，本研究除采用 PIRLS 问卷收集测评学生阅读成绩与阅读自信心外，本研究还收集了学生平均每天进行阅读的时长、与朋友谈论阅读的频率、从朋友那里借阅图书的频率以及和家长进行各类阅读活动的情况。

第二部分数据信息为对样本地区学生的家庭阅读环境信息的收集。在家庭阅读环境信息方面，本研究首先收集了学生家长对阅读的态度，主要是询问学生家长认为课外阅读是否会有助于学生学业成绩的提高。其次，借鉴 PIRLS 量表测评学生家庭阅读资源和学生家长对阅读的喜欢程度。家庭阅读资源量表测试题目主要包含 5 个维度信息，即学生家里的图书数量、学生家里儿童读物的数量、学生家庭的其他阅读资源支持、学生父母的受教育程度以及父母最高职业类型。学生家长对阅读的喜欢程度，主要通过 8 个测试条目进行测量，根据样本学生家长对每个条目的同意程度进行评估（见表 5 – 16），即根据"非常同意"、"比较同意"、"一般"、"比较不同意"和"非常不同意"进行赋值加总换算，最后获得学生家长对阅读的喜爱程度。

表 5 – 16　学生家长对阅读喜欢程度的测试条目

测试条目
1. 只有必须阅读时我才会阅读
2. 我喜欢和其他人谈论书籍
3. 我喜欢利用部分业余时间阅读
4. 只有当需要了解一些信息时我才会阅读
5. 阅读在我家里是一项重要的活动
6. 我希望有更多的时间去阅读
7. 我喜欢阅读
8. 当您在家里时，多久会为了乐趣而阅读一次

注：8 个测试条目由 PIRLS 开发，用于衡量学生家长是否喜欢阅读。

（二）计量模型

为评估家庭阅读环境对中国农村地区学生阅读发展的影响，本研究主要使用最小二乘法对家庭阅读环境相关因素与学生阅读能力测试成绩、阅读行为表现及阅读态度进行实证检验与分析。回归模型具体构架如下：

$$Y_{ijc} = \alpha + \beta R_{ijc} + \gamma X_{ijc} + \varphi_{ijc} + E_{ijc} \qquad (5-4)$$

因变量 Y_{ijc} 代表来自学校 j 班级 c 的学生 i 的 6 种阅读表现，包含学生阅读能力测试成绩、学生阅读自信心量表得分、学生每天阅读时间是否超过 30 分钟、学生是否每个月和朋友进行阅读交流、学生是否每个月从朋友那里借阅图书以及学生与家长在家开展阅读活动频率的得分。R_{ijc} 为虚拟变量，代表学生家庭阅读环境，即学生是否拥有家庭阅读资源、学生家长是否喜欢阅读以及学生家长是否认为阅读会有助于学生的学业表现。X_{ijc} 包含学生控制变量，即学生性别和学生年龄。本研究还加入了班级固定效应变量 φ_{ijc} 来控制学生班级差异。在回归模型中，我们也调整了班级层面的聚类标准误。

二 农村地区学生的家庭阅读环境描述分析

为了解中国农村地区的学生阅读环境，我们评估了家庭阅读环境的 3 个测量维度：学生家庭阅读资源、学生父母喜欢阅读的程度、学生家长关于阅读对学生学业表现影响的态度与观念。通过测量三大阅读指标的基本情况，我们了解到中国农村样本地区小学生的家庭阅读环境仍面临很多挑战，亟待改善。

数据分析结果表明，中国农村样本地区学生中拥有充足家庭阅读资源的学生非常少（见表 5 - 17）。根据家庭阅读资源的量表测量结果，22.6% 的学生家庭阅读资源仍相对匮乏，仅有 0.2% 的样本学生家里拥有较为丰富的阅读资源（见表 5 - 17）。从家庭阅读资源 5 项测量指标也可以详细了解到农村样本地区学生阅读资源的有限性。65.4% 的农村样本地区学生家庭拥有的图书总量不超过 10 本，农村样本地区学生家里拥有的图书量大于 100 本的学生比例非常低，仅占 3.9%。聚焦到学生使用的课外书籍上，可以发现超过 3/4（78.5%）的样本地区学生家里拥有的儿童读物的数量不超过 10 本，只有 3.0% 的样本地区学生家里拥有儿童读物的数量大于 50 本。除此之外，25.9% 的样本学生在家里既没有自己独立的房间进行学习（即自我学习空间），也没有支持在线学习和阅读的无线网络（代表学生可以从网上购买图书阅读的机会），仅有 26.0% 的样本学生拥有自己的房间并配置了无线网络进行学习。此外，大部分的农村样本学生来自社会和经济水平相对低下的家庭。只有极少数学生家长拥有专科及以上学历，超过四成（41.2%）的样本学生家长仅拥有初中以下学历。由于学生家长文化水平较低，63.2%的样本学生家长是农民或初级劳动力，甚至没有正式工作。

表 5 - 17　江西省样本地区学生个人特征和家庭阅读环境的描述

变量	观测值	学生百分比（%）
学生特征		
1. 学生性别		
女生	5146	47.9
男生	5594	52.1
2. 学生年龄		
7～9 岁	120	1.1
10～12 岁	9959	92.7
13～17 岁	661	6.2
家庭阅读环境		
3. 家庭拥有的图书数量		
0～10 本	7027	65.4
11～25 本	2247	20.9
26～100 本	1048	9.8
101～200 本	207	1.9
201 本及以上	211	2.0
4. 家庭拥有的儿童读物的数量		
0～10 本	8434	78.5
11～25 本	1432	13.3
26～50 本	562	5.2
51～100 本	175	1.7
101 本及以上	137	1.3

续表

变量	观测值	学生百分比（%）
5. 家庭拥有的其他阅读资源支持		
既没有网络也没有自己的房间	2779	25.9
能够上网或拥有自己的房间	5170	48.1
既有网络也拥有自己的房间	2791	26.0
6. 学生家长的最高学历		
初中以下学历	4424	41.2
初中至高中学历	6050	56.3
专科及以上学历	266	2.5
7. 学生家长的最高职业类型		
农民或初级劳动力	6789	63.2
做小生意或开工厂	1721	16.0
教师、医生、公务员等正式工作者	2230	20.8
8. 家庭拥有的阅读资源[a]		
非常少	2424	22.6
一些	8298	77.2
非常多	18	0.2
9. 父母对阅读的喜爱程度[b]		
一点也不喜欢	4367	40.7
有一点喜欢	5602	52.2
非常喜欢	771	7.1
10. 家长认为阅读对学业表现有积极影响		
否	7520	70.0
是	3220	30.0

注：1. [a] 表示该量表是由 PIRLS 在 2011 年开发的，它由 5 个测试条目（第 3 个至第 7 个条目）组成。

2. [b] 表示该量表是由 PIRLS 在 2011 年开发的，由 8 个测试条目组成，见表 5-16。

资料来源：作者调查。

尽管农村家庭阅读资源很少，但是如果家长经常阅读并且喜欢阅读也会有助于创造良好的家庭阅读环境。实际上，文献研究发现，学生会受家长阅读行为的影响，家长经常进行阅读，会有可能促进学生更喜欢进行课外阅读（Graaf et al.，2000；Gustafsson et al.，2013）。根据家长问卷反馈的结果，40.7%的农村样本地区学生家长完全不喜欢阅读，仅7.1%的农村样本地区学生家长非常喜欢阅读。

除家庭阅读资源与家长对阅读的喜欢程度外，家长对阅读的态度也会影响家庭阅读环境（Mullis et al.，2012；Chansa-Kabali et al.，2014）。访谈数据结果发现，很大比例的农村样本地区学生的家长还没有意识到阅读的重要性，不鼓励也不支持学生进行课外阅读。70.0%的样本学生家长不认为课外阅读有助于提高学生的学业成绩（见表5–17）。

尽管研究结果表明中国农村样本地区学生的家庭阅读环境令人担忧，但是数据结果依然无法判定中国农村学生的家庭阅读环境在国际上是"相对比较好"的还是"相对比较差"的。为进一步探究，本研究将中国农村样本地区学生和参与 PIRLS 测评的其他国家或地区的样本学生进行了对比分析。由于参与 PIRLS 测量的其他国家或地区的学生均来自四年级，为排除年级的影响，本研究将中国样本学生划分成四年级农村样本地区学生和五年级农村样本地区学生。国际对比的分析结果表明，无论是四年级样本学生还是五年级样本学生，在家庭阅读环境评比中，中国农村样本地区学生均居于后位。具体来讲，样本学生中，在拥有丰富的阅读资源的学生比例排名中，中国农村样本地区学生的排名为倒数（见表5–18）。当比较家庭阅读资源的具体测量维度时，数据结果表明，中国农村样本地区学生依然排名靠后。比如，在家庭图书量超过100本的学生比例或家庭儿童读物数量超过25本的学生比例中，中国农村样本地区学生排名居后（表5–19）。与之相似的是，在样本地区学生家长喜欢阅读的学生比例排名中，中国农村样本地区学生依然居后位（见表5–20）。

表 5 - 18　对比分析学生的家庭阅读环境整体状况

	学生比例（%）				排名
	有丰富的阅读资源	有一些阅读资源	几乎没有阅读资源	量表得分	
中国台北	18	76	6	10.20	19
中国香港	12	80	8	9.80	29
中国农村样本地区 1	0	77	23	8.39	43
中国农村样本地区 2	0	77	23	8.34	44
PIRLS 测量的国际平均水平	18	73	9	——	——

注：1. 英国和美国没有进行相关的调查问卷。排在前五位的国家或地区为挪威、澳大利亚、瑞典、丹麦、新西兰；排在后五位的国家或地区为阿曼、阿塞拜疆、哥伦比亚、摩洛哥、印度尼西亚。

2. 排名是根据"有丰富的阅读资源"变量完成的，如果使用"量表得分"变量进行排名，中国农村样本地区的排名将分别从第 43 位和第 44 位上升到第 40 位和第 41 位。

3. "中国农村样本地区 1"指调查样本中四年级的学生。

4. "中国农村样本地区 2"指调查样本中五年级的学生。

资料来源：PIRLS 2011 年国际调查和作者调查。

表 5 - 19　对比分析学生家庭阅读环境的各项指标

	学生比例（%）					排名
	学生家长本科毕业（1 = 是）	学生家长有正式工作（1 = 是）	家里拥有25 本以上儿童读物（1 = 是）	家里拥有超过 100本图书（1 = 是）	学生拥有自己的房间并且在家中能上网（1 = 是）	
中国台北	23	35	59	30	53	32
中国香港	18	28	52	25	56	38
中国农村样本地区 1	10	8	15	5	10	46
中国农村样本地区 2	4	21	9	5	25	47
PIRLS 测量的国际平均水平	31	36	59	27	55	——

注：1. 排在前五位的国家或地区为卡塔尔、挪威、丹麦、法国、以色列；排在后五位的国家或地区为伊朗、特立尼达和多巴哥、罗马尼亚、摩洛哥、印度尼西亚。

2. "中国农村样本地区 1"指调查样本中四年级的学生。

3. "中国农村样本地区 2"指调查样本中五年级的学生。

4. 表 5 - 19 根据"学生家长本科毕业（1 = 是）"变量进行排序，如果根据"学生家长有正式工作（1 = 是）"变量或根据"拥有自己的房间并且在家中能上网（1 = 是）"变量进行排序，那么中国农村样本地区排名将分别从第 46 位和第 47 位上升至第 40 位和第 42 位。

资料来源：PIRLS 2011 年国际调查和作者调查。

表 5 – 20   对比分析家长对阅读的喜爱程度

	学生比例（%）			量表得分	排名
	非常喜欢阅读	有些喜欢阅读	不喜欢阅读		
中国台北	17	69	14	9.40	42
中国香港	14	72	14	9.30	43
中国农村样本地区 1	8	52	40	8.33	44
中国农村样本地区 2	7	52	41	8.26	45
PIRLS 测量的国际平均水平	32	57	11	—	—

注：1. 英国和美国没有进行相关的调查问卷。排在前五位的国家或地区为瑞典、新西兰、北爱尔兰、丹麦、爱尔兰；排在后五位的国家或地区为沙特阿拉伯、摩洛哥、阿曼、中国台北、中国香港。

2. "中国农村样本地区 1"指调查样本中四年级的学生。

3. "中国农村样本地区 2"指调查样本中五年级的学生。

资料来源：PIRLS 2011 年国际调查和作者调查。

三   家庭阅读环境与学生阅读能力发展的相关关系

理论研究已揭示了家庭阅读环境对学生阅读能力发展的重要性，假设实证结果也能得到一致发现，则我们可以通过改善学生家庭阅读环境促进农村地区学生的阅读能力发展。为此，本研究进一步实证分析中国农村样本地区学生家庭阅读环境与学生阅读表现和阅读能力发展的相关关系（见表 5 - 21）。

首先，我们尝试分析家庭阅读资源与农村样本地区学生阅读表现之间的相关关系。在控制班级层面的固定效应与学生基本特征变量后，回归结果表明，家庭阅读资源与学生阅读能力、阅读自信心和阅读行为之间存在显著正相关关系（见表 5－21）。具体而言，与其他同伴相比，来自阅读资源相对丰富家庭的学生阅读能力测试成绩显著高出 0.06 个标准差（显著性在 1% 水平下）。家庭阅读资源也与学生阅读自信心存在显著正相关关系，相关系数为 0.52（显著性在 1% 水平下）。此外，拥有更丰富的家庭阅读资源的学生，更愿意在阅读上花费时间，更容易参与阅读活动。家庭阅读资源与学生每天课外阅读时间、与朋友谈论阅读的频率、每月从朋友处借阅图书的频率呈显著正相关关系（显著性在 1% 水平下）。该分析结果与前人研究发现一致，认为家庭阅读资源的可及性可以显著促进学生培养积极的阅读态度、参与阅读活动，最终提高学生的阅读能力（Chiu and McBride-Chang，2006；Tse et al.，2016）。

其次，我们尝试了解学生家长对阅读的喜欢程度是否会促进农村样本地区学生的阅读能力发展。如表 5－21 所示，与那些家长不喜欢阅读的样本学生相比，家长非常喜欢阅读的样本学生标准化阅读测试成绩显著高出 0.07 个标准差（显著性在 1% 水平下）。家长非常喜欢阅读的样本学生在阅读自信心上的得分具有显著性，相关系数为 0.63（显著性在 1% 水平下）。家长非常喜欢阅读的样本学生每天进行课外阅读的时间更长（显著性在 5% 水平下）、每月与朋友谈论阅读和每月从朋友处借阅图书的频率更高（显著性在 1% 水平下）。如同一些理论证据的观点解释，尽管大多数样本地区家长教育水平相对较低，但他们自身的阅读经历和阅读态度仍然会影响学生的阅读表现（Chansa-Kabali and Westerholm，2014）。既往研究也发现，家长对阅读的喜欢程度会影响自身阅读习惯和阅读行为，从而会产生有利的家庭阅读环境，促进学生阅读能力的发展（Graaf et al.，2000；Gustafsson et al.，2013；Hemmerechts et al.，2017）。

最后，回归结果也表明，样本地区家长对课外阅读的态度也会影响学生的阅读能力发展。与其他同伴相比，那些家长认为阅读有助于学生阅读能力发展的学生阅读能力测试成绩显著高出 0.22 个标准差（显著性在1%水平下）。与此同时，家长对阅读持有积极态度，学生相对会有更高的阅读自信心（显著性在1%水平下），进行课外阅读的时间更长（显著性在1%水平下），学生与朋友谈论课外阅读的频率更高（显著性在1%水平下）。一些文献发现也可以解释我们的实证结果，即父母持有积极的阅读态度，更容易意识到学生阅读发展对其学业表现的重要性（Clark and Hawkins，2010；Tse et al.，2016）。在此背景下，家长阅读态度越积极，越有助于良好家庭阅读环境的形成，促进学生阅读能力发展。

本部分的相关关系实证分析结果证实了农村样本地区的家庭阅读环境与学生阅读能力发展存在显著正相关关系。这意味着，在中国农村样本地区学生中，来自家庭阅读环境相对较好的学生，更有可能有良好的阅读表现和阅读能力。与文献研究结果一致，以上分析结果证实了家庭阅读环境对亚洲发展中国家学生阅读能力发展的重要性（Li and Rao，2000；Park，2008；Chansa-Kabali and Wester-holm，2014）。此外，本部分的发现也进一步证实了，对于高年级的小学生，家庭阅读环境仍起到关键作用，会有助于学生阅读能力的充分发展（Park，2008；Katzir et al.，2009；Myrberg and Rosén，2009；Boerma et al.，2017；Hemmerechts et al.，2017）。

表 5－21　中国农村样本地区学生家庭阅读环境与学生阅读表现和
阅读能力发展的相关关系

自变量	标准化阅读测试成绩	阅读自信心量表得分	每天的阅读时间是否超过30分钟（1＝是）	每月是否与朋友谈论阅读（1＝是）	每月是否和朋友借阅图书（1＝是）	学生和家长阅读活动（频率得分）
	（1）	（2）	（3）	（4）	（5）	（6）
家庭阅读资源的拥有量（1＝至少拥有一些阅读资源）	0.06*** (0.02)	0.52*** (0.07)	0.05*** (0.01)	0.07*** (0.01)	0.06*** (0.01)	1.40*** (0.11)

续表

自变量	标准化阅读测试成绩	阅读自信心量表得分	每天的阅读时间是否超过30分钟（1=是）	每月是否与朋友谈论阅读（1=是）	每月是否和朋友借阅图书（1=是）	学生和家长阅读活动（频率得分）
	（1）	（2）	（3）	（4）	（5）	（6）
学生家长非常喜欢阅读（1=是）	0.07***	0.63***	0.02**	0.04***	0.03***	1.06***
	（0.02）	（0.07）	（0.01）	（0.01）	（0.01）	（0.11）
学生家长认为课外阅读对学生有正向影响（1=是）	0.22***	0.56***	0.07***	0.03***	0.03***	0.26**
	（0.02）	（0.07）	（0.01）	（0.01）	（0.01）	（0.11）
学生性别（1=男）	−0.08***	−0.78***	−0.07***	−0.09***	−0.09***	−0.34***
	（0.02）	（0.06）	（0.01）	（0.01）	（0.01）	（0.10）
学生年龄	−0.11***	−0.22***	−0.01*	0.01**	0.01**	−0.00
	（0.01）	（0.04）	（0.01）	（0.01）	（0.01）	（0.07）
常数	1.12***	15.34***	0.49***	0.23***	0.30***	7.02***
	（0.15）	（0.46）	（0.07）	（0.06）	（0.07）	（0.77）
观测值	10740	10740	10740	10740	10740	10740
R^2	0.132	0.139	0.157	0.244	0.226	0.089

注：1. 在班级层面的聚类稳健标准误显示在括号里，*** 表示 $p<0.01$，** 表示 $p<0.05$，* 表示 $p<0.1$。

2. 模型包括班级固定效应变量。

3. 学生阅读自信心量表得分使用原始量表得分。

资料来源：作者调查。

第五节　农村劳动力外出务工对学生阅读能力的影响

现阶段，随着中国社会经济的快速发展，越来越多的青壮年农村劳动力走入城市，外出务工。由于户籍限制、经济成本过高等原因，大多数务工人员无法带着孩子一起走进城市。为此，大量农村劳动力涌向城市造成了中国农村一批特殊群体的存在——农村留守儿童。农村留守儿童仍是一个较为突出的社会问题。由于父母监护教育角色的缺失，留守儿童在成长发展的关键时期，可能会无法享受到父母的关心和引导，从而对留守儿童的健康成长产生不良影响。在学生教育方面，农村留守儿童不仅生活在教育资源相对较为薄弱的农村地区，还缺少父母的陪伴式学习与长期学业指导。农村劳动力外出务工带来的家庭收入增加与子女教育投资增加能否弥补学生在家长学习指导与家庭环境方面的缺失？本节主要探究中国农村劳动力外出流动，即样本地区学生家长外出务工，对留守儿童教育产出的影响。本节的结构安排如下：首先，利用实证数据呈现中国农村样本地区学生家长外出务工情况；其次，实证检验学生家长外出务工对农村留守儿童阅读能力发展与学业表现的影响效果。

一　数据收集及计量模型

（一）数据收集

本节使用的样本来自对江西省 80 所农村小学的同一批样本学生于 2015 年和 2016 年进行的两轮数据收集。本节涉及的数据主要包括以下三个内容模块。一是为分析学生家长外出务工对学生教育产出的影响，在两轮调查中收集学生的标准化阅读测试成绩、标准化数学测试成绩与标准化语文测试成绩。二是在访谈问卷中收集学生家长外出务工的相关信息和家庭背景特征信息。根据父母职业类型（是否属于外出务工人员）和过去一年在家居住的时长（是否少于三个月），判断农村样本地区学生家长是否属于长期外出务工人员。三是访谈问卷还收集了样本学生个人和家庭基本特征信息。首先，利用学生家庭资产测试问题评估学生家庭经济状况。其次，调查还收集了样本学生父母的受教育程度、学生年龄、学生性别、学生年级与学生住校情况等信息。

（二）计量模型

为评估农村父母外出务工对留守儿童教育产出的影响，本研究利用调查收集的面板数据，采用倍差分析方法，将农村样本地区的学生划分成两组：实验组和对照组。对照组的样本学生父母从 2015 年至 2016 年均未外出务工，实验组的样本学生父母在 2015～2016 年至少存在父母一方外出务工的情况。为进一步考查学生父母一方外出务工与父母双方均外出务工是否对样本学生产生不同的影响，本研究进一步将实验组的样本学生划分成以下四种类型。（1）父母至少一方外出务工的学生群体。该样本群体的学生父母双方在基线调研时期（2015 年）均未外出务工，在评估调研时期（2016 年）父母双方至少一方已经外出务工。（2）仅父亲外出务工的学生群体。该样本群体的学生父母在基线调研时期均未外出务工，在评估调研时期父亲外出务工，但母亲依然在家，未外出务工。（3）仅母亲外出务工的学生群体。该样本群体的学生父母在基线调研时期均未外出务工，在评估调研时期母亲外出务工，但父亲依然在家，未外出务工。（4）父母均外出务工的学生群体。该样本群体的学生父母在基线调研时期均未外出务工，但在评估调研时期父母双方均已外出务工。

在分组划分学生家长外出务工状态后，本研究采用倍差分析方法分析农村样本地区父母外出务工对农村留守儿童教育产出的影响效果，使用的具体模型结构如下：

$$\Delta Score_{ijc} = \alpha_0 + \beta_0 T_{jc} + \gamma Score_a + \theta_0 X_{ijc} + \varepsilon_{ijc} \qquad (5-5)$$

$\Delta Score_{ijc}$ 代表来自学校 j 班级 c 的学生 i 在 2015～2016 年的成绩变化，分别代表学生标准化阅读测试成绩、标准化数学测试成绩与标准化语文测试成绩。T_{jc} 代表一系列父母外出务工的状态（父母至少一方外出务工、仅父亲外出务工、仅母亲外出务工和父母双方均外出务工），取值为零时，代表父母双方在基线调研和评估调研时期均未外出务工。$Score_a$ 代表学生基线调研时期（2015 年）的标准化测试成绩，即基线调研时期标准化阅读测试成绩、标准化数学测试成绩和标准化语文测试成绩。X_{ijc} 包含一系列的控制变量，包括学生年龄、学生性别、学生住校情况、学生兄弟姐妹数量、学生家庭资产以及父母文化程度。控制变量的描述性统计见表 5 - 22。在回归模型中，我们也调整了班级层面的聚类标准误。

表 5 - 22　江西省样本地区统计量描述

变量	平均值	标准差	最小值	最大值
学生年龄	11.10	0.93	7.00	16.00
学生性别（1 = 男；0 = 女）	0.52	0.50	0.00	1.00
学生年级	4.50	0.50	4.00	5.00
学生上学期住校情况（1 = 住校；0 = 否）	0.09	0.28	0.00	1.00
兄弟姐妹数量（1 = 至少 2 个；0 = 无或 1 个）	0.73	0.44	0.00	1.00
家庭资产指数	0.12	1.86	- 0.77	4.02
学生父亲教育水平（1 = 初中及以上学历；0 = 小学及以下学历）	0.56	0.50	0.00	1.00
学生母亲教育水平（1 = 初中及以上学历；0 = 小学及以下学历）	0.34	0.47	0.00	1.00

资料来源：作者调查。

二　样本地区学生家长外出务工现状

数据结果表明，在农村样本学生中，有一定比例的样本学生父母已外出务工，部分样本学生成为农村留守儿童，且随着时间的推移，留守儿童的群体数量不断上升（见图 5 - 3）。研究调查的 9958 名农村样本小学生中，2015 年基线调研时期，父母双方均在家的学

生数不足 2/3（62.5%），超过 1/3（37.5%）的农村样本学生家长
已经外出务工，留守儿童数量达到 3730 名。其中，基线调研时期
21.4% 的样本学生父母双方均已外出务工。从 2015 年到 2016 年，
农村样本地区学生中留守儿童的比例在不断上升，无论是父母一方
外出务工的样本学生人数，还是父母双方均外出务工的人数均有所
上升。

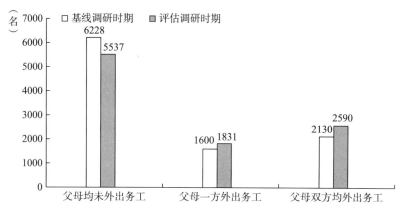

图 5 – 3　基线调研时期与评估调研时期样本地区
学生家长外出务工状况

三　劳动力外出务工对学生阅读能力发展与学业表现的影响

为评估中国农村劳动力外出务工对其子女教育产生的影响，本
研究按照倍差分析方法将样本学生按照实验组和对照组划分。结合
上述描述标准，总共有 6228 名样本学生被纳入观测样本。其中，
4147 名（66.6%）样本学生的父母均未外出务工。农村样本地区学
生的父母至少一方外出务工的比例达到 33.4%。在父母外出务工的
学生群体中，583 名样本学生仅父亲已外出务工，355 名样本学生仅
母亲已外出务工，1143 名样本学生父母双方均外出务工。各类样本
学生参加标准化阅读测试、标准化语文测试和标准化数学测试的人
群分布情况见表 5 – 23。

表 5 – 23　样本地区各类学生参与标准化测试人数

组别类型	学生人数（名）			
	合计	标准化阅读测试	标准化语文测试	标准化数学测试
父母在家，无外出务工	4147（66.6%）	4147（66.6%）	2051（66.5%）	2096（66.7%）
父母至少一方外出务工	2081（33.4%）	2081（33.4%）	1035（33.5%）	1046（33.3%）
仅父亲外出务工	583（9.4%）	583（9.4%）	280（9.1%）	303（9.6%）
仅母亲外出务工	355（5.7%）	355（5.7%）	179（5.8%）	176（5.6%）
父母双方均外出务工	1143（18.4%）	1143（18.4%）	576（18.7%）	567（18%）
总计	6228（100%）	6228（100%）	3086（100%）	3142（100%）

资料来源：作者调查。

　　表 5 – 24 数据结果报告了农村样本地区学生父母外出务工对学生阅读能力发展和学业表现的影响效果。数据分析结果表明，父母外出务工对样本学生的阅读能力发展与学业表现似乎没有统计意义上的显著性影响。具体来看，尽管样本学生父母至少一方外出务工与学生标准化阅读测试成绩和标准化数学测试成绩有负相关关系，但相关关系没有统计意义上的显著性（相关系数分别为 – 0.02 和 – 0.01）。样本学生仅母亲外出务工与学生标准化阅读测试成绩、标准化语文测试成绩与标准化数学测试成绩也没有显著的相关关系，相关系数分别为 0.03、0.01 和 0.03，但均无统计意义上的显著性。父母双方均外出务工与学生标准化阅读测试成绩、标准化语文测试成绩与标准化数学测试成绩均没有统计意义上的显著相关关系（相关系数分别为 – 0.02，0.01 和 – 0.00）。仅父亲外出务工虽然与学生标准化语文测试成绩和标准化数学测试成绩存在负相关关系，但没有统计上的显著性（相关系数分别为 – 0.03 和 – 0.05）。仅父亲外

表 5－24　劳动力外出务工对留守儿童各项测试成绩的影响效果

变量	阅读成绩 (1)	语文成绩 (2)	数学成绩 (3)	阅读成绩 (4)	语文成绩 (5)	数学成绩 (6)	阅读成绩 (7)	语文成绩 (8)	数学成绩 (9)	阅读成绩 (10)	语文成绩 (11)	数学成绩 (12)
父母至少一方外出务工 (1＝是；0＝否)	-0.02 (0.02)	0.00 (0.03)	-0.01 (0.03)									
仅父亲外出务工 (1＝是；0＝否)				-0.05* (0.03)	-0.03 (0.05)	-0.05 (0.05)						
仅母亲外出务工 (1＝是；0＝否)							0.03 (0.04)	0.01 (0.06)	0.03 (0.08)			
父母双方均外出务工 (1＝是；0＝否)										-0.02 (0.02)	0.01 (0.03)	-0.00 (0.04)
学生和家庭特征变量	是	是	是	是	是	是	是	是	是	是	是	是
基线调研时期标准化成绩	是	是	是	是	是	是	是	是	是	是	是	是
常数项	0.14 (0.11)	0.12 (0.16)	0.40** (0.19)	0.18 (0.13)	0.21 (0.19)	0.44** (0.21)	0.14 (0.13)	0.19 (0.19)	0.32 (0.22)	0.19 (0.12)	0.14 (0.17)	0.35* (0.20)
观测值	6228	3086	3142	4730	2331	2399	4502	2230	2272	5290	2627	2663
R^2	0.19	0.18	0.25	0.20	0.21	0.27	0.20	0.21	0.27	0.20	0.20	0.26

注：在班级层面的聚类稳健标准误显示在括号里，*** $p<0.01$，** $p<0.05$，* $p<0.1$。
资料来源：作者调查。

出务工与学生标准化阅读测试成绩存在显著的负相关关系（相关系数为 -0.05），但显著性在 10% 水平下。

造成该结果的原因可能有以下三个方面。第一，根据文献研究结果，可能是农村劳动力外出务工的收入效应的正向影响效果抵消了家长指导与家庭环境缺失产生的负面影响效果（谢贝妮和李岳云，2012）。第二，可能是研究观测的时间较短，劳动力外出务工可能对学生长期教育产出有影响，但由于研究仅观察了一年的时间，所以短时期未发现显著的影响效果（李庆海等，2014）。第三，可能是农村留守儿童与非留守儿童的阅读能力与学业表现都相对较差，所以无法识别父母外出务工对样本地区留守儿童的影响效果。正如对学生阅读能力测试成绩的描述分析，农村样本地区学生整体阅读能力测试成绩处于相对较低水平，因此留守儿童与非留守儿童的阅读测试成绩差距比较小，无法识别父母外出务工对留守儿童阅读能力测试成绩的影响效果。

本章小结

在实证了解农村小学生阅读能力发展的基础上，本研究分析了农村小学生的阅读环境，识别影响农村小学生阅读能力发展的相关因素，对促进农村小学生阅读能力提升具有重要意义。为此，本章从学生个人、学校、教师和学生家长角度出发，实证评估影响农村小学生阅读能力发展的相关因素。围绕上述几类相关因素，本章进行了文献梳理与回顾，主要从学校阅读环境和教师阅读教学、学生阅读自信心、家庭阅读环境及父母外出务工方面进行文献述评。

在学校阅读环境和教师阅读教学方面，调查数据主要从教师教育背景、阅读培训、阅读指导策略方法和教学资源以及学校阅读环境四个方面探究中国农村学校和教师阅读教学现状。和参与 PIRLS 测评的其他国家或地区相比，尽管中国农村样本地区教师的学历水平较低，但大部分教师至少系统学习过阅读或语言理论知识。但现阶段，农村教师阅读培训力度和培训时间仍需提高，仅 15% 的样本学生的教师在过去两年参加了至少 16 个小时的阅读培训。样本教师在指导学生阅读时，注重运用多种策略方法，但在进行阅读教学时，教学材料仍比较单一，主要使用教科书作为基础教学材料。与其他国家或地区相比，中国农村小学开始培养学生阅读能力的时间较晚，仅 2% 的样本学生所在学校在二年级或更早开始培养学生的阅读技能。农村地区学校的阅读教学有助于促进学生阅读成绩的提升，对学生阅读能力的发展起到不可忽视的作用。实证回归模型结果表明，教师教育背景、教师阅读培训、教师阅读指导策略方法和教学资源以及学校阅读环境均与学生阅读能力测试成绩呈显著正相关关系。现阶段在中国农村样本地区，教师学历较高、参与充足的阅读培训，更有助于促进农村地区小学生阅读能力的发展。

在小学生阅读自信心方面，调查数据分析结果显示，农村地区小学生呈现较低的阅读自信心。和参与 PIRLS 测试的其他国家或地区学生相比，样本地区农村小学生在阅读自信心排名中居末位，仅有 11% 的样本学生认为自己对阅读很有自信心。数据分析结果表明，在中国农村地区（以及其他国家或地区），阅读自信心和阅读成绩之间存在显著正相关关系，且在阅读成绩相对较弱的学生群体中这种相关关系更强。从图书资源来看，学校阅读资源的可及性与农村小学生阅读自信心高度相关，尤其是针对阅读成绩相对较差的学生群体。在学校环境和教学特征方面，教师教学经验、学校较早培养学生阅读技能、教师使用儿童读物等教学指导材料均会促进农村样本地区小学生阅读自信心的提升，尤其是对阅读成绩相对较好的学生群体，其影响效果更为明显。此外，我们还尝试对中国香港和中国台北学生阅读测试成绩较高但阅读自信心较差这一现象加以解释和说明。

在评估家庭阅读环境方面，本研究基于样本地区四、五年级学生数据，探究农村地区小学生的家庭阅读环境，并评估家庭阅读环境对农村小学生阅读能力发展的潜在影响。本研究基于样本地区家庭阅读资源、学生家长喜欢阅读程度、学生家长关于课外阅读对学生学业表现的认知态度三类变量构建了家庭阅读环境可观测维度。基于农村样本数据分析结果发现，农村地区小学生的家庭阅读环境令人担忧。和参与 PIRLS 测评的其他国家或地区相比，中国农村样本地区小学生在家庭阅读环境排名中居后位。本研究进一步评估了家庭阅读环境对中国农村小学生阅读能力发展的影响效果，结果表明较好的家庭阅读环境有助于样本地区小学生阅读能力的提高。具体而言，最小二乘法回归结果显示，学生家庭阅读资源、父母喜欢阅读的程度和父母对课外阅读的态度，均与样本地区小学生阅读成绩、阅读自信心和阅读行为呈显著正相关关系。

在分析儿童父母外出务工的影响时，本研究利用江西省 2015 年和 2016 年对同一批农村地区样本小学生进行的追踪调研数据，采用倍差分析方法评估农村劳动力外出务工对样本地区留守儿童阅读能力发展与学业表现的影响。数据结果表明，现阶段农村留守儿童数量较为庞大，且随着调研时间的推移，留守儿童数量不断上升。但是分析结果没有发现农村劳动力外出务工对留守儿童的阅读成绩与学业表现有显著的影响，仅父亲外出务工对农村小学生的阅读测试成绩有显著负面影响。

第六章　应用影响评估方法评估阅读干预项目对改善学生阅读表现的有效性

第一节　阅读干预有效性的文献梳理

目前阅读项目在干预方式和干预内容上千差万别，比如一些干预项目侧重于教师的阅读指导，一些干预项目侧重于家长的阅读指导，也存在很多项目以提高学生的阅读资源质量为目标（Lonigan and Shanahan，2009）。在本章中，我们主要关注针对学校开展的阅读干预。选择研究学校开展的阅读干预，主要基于以下几方面的考虑：首先，学生大部分时间都在学校学习，学校是学生获取正规教育的主要途径；其次，文献研究已证实，学校和教师的支持和指导对学生早期阶段克服阅读障碍十分关键，针对学校开展的阅读干预可能有潜在效果；最后，从学校角度设计的阅读干预相对更容易进行操作层面的推广，具有较好的政策推行性。

一　国际相关研究经验

尽管开展阅读项目已成为各国促进学生阅读能力发展的重要策略之一，但阅读项目对发展中国家学生教育产出的实证研究结果却不完全一致。首先，现有证据可能很难证明在中国农村地区仅靠增加阅读量就能有效提高学生的阅读表现。一些研究发现，增加学生阅读的书籍数量，尤其是为学生提供适合阅读的书籍，将会促进学生阅读能力的提升（Houle and Montmarquette，1984；McQuillan，1998；Jeff and Julie，2001；Whitehead，2004；Cheung et al.，2009；van Bergen et al.，2016）。Jeff 和 Julie（2001）指出无论学生的阅读能力如何，提高阅读材料获取的便捷性可以提高学生阅读的频率，更多免费的阅读材料往往与更高的阅读水平相关；Cheung 等（2009）发现教师使用其他学科的阅读材料作为阅读资源可以显著地提高学生的阅读成绩；Whitehead（2004）的调查结果表明，拥有借书证并参观社区图书馆的学生的阅读表现优于没有借书证的学生。然而，目前这些证据主要来自发达国家或地区。近年来一些针对发展中国家的研究表明，仅提供图书资源可能无法有效地促进学生的阅读能力发展（Hanushek，1997；Glewwe et al.，2011；Ganimian and Murnane，2016）。例如，Glewwe 等（2011）研究了 1990～2010 年发表在教育文献和经济学文献上的 9000 多篇有关发展中国家的文章，并从统计意义上发现大多数有关学校和教师的因素并不能显著影响学生的学习成绩。

其次，一些研究表明，特别是针对发展中国家学生，仅增加学生阅读量，其阅读能力很难在短期内得到有效提升，应同时为学生提供高质量的阅读指导，保证其阅读数量和效率的有效结合（Elley，1996；Topping et al.，2007）。Elley（2000）总结了纽埃、斐济、新加坡、斯里兰卡、南非、所罗门群岛等国家或地区的研究成果，证据表明通过为每个班级提供 100 本书籍和简短的教师培训课程项目，小学生的阅读技能和阅读兴趣得到了显著提高。Topping 等（2007）对美国 24 所学校 45670 名学生的信息进行了分析，发现大量的和高质量的书籍均是学生取得很大成就的必要条件，尤其是对于六至十二年级的高年级学生而言；还发现学生的阅读成就与所就读的班级显著相关，这表明教师的阅读指导十分重要。Friedlander 和 Goldenberg（2016）在卢旺达开展的一项评估实验发现，同时为学生提供阅读资源和阅读指导会有效促进学生阅读能力测试成绩的提升。Abeberese 等（2014）在菲律宾的研究也有类似的结果，提供阅读资源和阅读指导促进了学生阅读表现的提升。

最后，尽管阅读项目有促进学生阅读能力发展的效果，但阅读项目对学生学业表现及教育产出的影响效果差异较大。部分研究表明，提供阅读图书并结合其他形式的干预措施，可以显著地促进学生阅读能力的发展（Borkum et al.，2012；Abeberese et al.，2014；Friedlander and Goldenberg，2016）。例如，Lucas 等（2014）发现，培训阅读教师更好地开展阅读指导并为教师提供阅读教学材料，可以显著地提高乌干达小学生的语言测试（主要针对写作和文字表达的测试）成绩。然而，也有研究表明，仅仅增加阅读资源，不足以有效地增加学生的教育产出（Glewwe et al.，2011）。比如，Abeberese 等（2014）在菲律宾开展的阅读项目没有发现提供适合学生年龄段的阅读图书并进行教师阅读指导能显著提高学生的数学和社会学两门学科测试成绩。Borkum 等（2012）指出，提供更充足的阅读资源、增设图书管理员并由图书管理员组织开展一系列的阅读活动，没有显著地提高印度学生的数学和科学测试成绩。由于现有影响评估结果的不一致性，我们还需进一步开展实证研究探究阅读项目是否可以有效地帮助学生增加其教育产出。

二　我国阅读干预有效性的文献证据

在国家推出一系列政策后，阅读基础设施建设如阅读活动中心、学校图书馆等数量不断增加。我国目前的公共阅读服务设施主要由公共图书馆、农家书屋、社区书屋、职工书屋等共同组成。2012 年全国共有县级以上独立建制的公共图书馆 3076 个；截至 2012 年 8 月，全国共建成达到统一规定标准的农家书屋 600449 家，全面覆盖了全国具备条件的行政村；到 2012 年底，全国共援建城乡社区图书室 16.7 万个，援建图书 5900 万册。各地也不断推动阅读活动的开展，如江苏读书节、南国书香节、三湘读书月等读书节活动以及上海书展、北京国际图书博览会、江苏书展等图书展销活动；全民阅读推广的形式还有以阅读为主题的知识竞赛、摄影比赛、演讲比赛、征文比赛等（徐同亮，2014）。第十七次全国国民阅读调查显示，2019 年 11.1% 的中国成年国民年均阅读 10 本及以上纸质图书，中国成年国民人均纸质图书阅读量为 4.65 本。调查显示，整体上数字化阅读方式在过去 12 年间保持持续上涨的态势，从 2008 年的 24.5% 增长到了 2019 年的 79.3%（孙山，2020）。但第十八次全国国民阅读调查结果表明，2020 年，我国城乡阅读仍存在差距，在阅读率方面，农村居民整体图书阅读率为 49.9%，低于城镇居民 68.3% 的阅读率；在图书阅读量方面，城镇居民阅读纸质图书的数量为 5.54 本，高于农村居民的 3.75 本。文献也表示，随着阅读政策的推出，学生开展阅读活动的频率逐步增加。0～17 岁未成年人的图书阅读率和阅读量不断增加，2020 年调查结果显示未成年人的阅读率超过 80%，人均图书阅读量为 10 本。但现有研究主要以描述统计分析为主，缺乏严谨的实证研究评估开展阅读项目对学生阅读表现的影响，更无法证明阅读项目实施后是否达到了阅读政策制定的最终目的，有效地提高了中国尤其是中国农村地区学生的阅读能力并改善了其学业表现。

此外，现阶段也不清楚阅读干预手段是否有助于缩小不同学生群体之间的教育差距，比如男生和女生、低收入和中高收入家庭的儿童、阅读能力相对较差和阅读能力相对较强的学生、留守儿童与非留守儿童的差距。基于对不同学生群体的分析，我们可以识别哪些阅读干预措施的实施对不同特征群体的学生更有效，对提高学生阅读能力更为关键和必要，为进一步提升学生阅读能力提出相关建议。

第二节　江西省阅读干预项目
——随机干预实验方法*

相关文献研究已证实学生阅读能力发展对其学业表现有积极影响，但针对我国欠发达农村地区的学生实施何种类型的阅读干预政策能有效提升学生的阅读能力？在提升学生阅读能力方面，对哪些特征群体的学生可能更为有效？在提升学生阅读能力的同时，阅读干预是否可以有效提高学生的学业表现？这一系列问题还有待回答。为此，本节主要应用随机干预实验方法评估一项阅读干预项目（为学生提供在校图书资源）对农村地区学生阅读能力与学业表现的影响效果。为评估该类型阅读项目的干预有效性，本研究基于随机干预实验方法，在江西省随机抽取了 120 所农村小学作为研究样本，实证分析该类型的阅读干预项目对农村小学生阅读态度、阅读行为、阅读能力及学业表现的影响效果。

一　研究方案设计

（一）样本地区

本节的随机干预实验研究主要是在江西省南部的三个县开展的。与我国整体发展水平及江西省整体发展水平相比，样本县的经济发展水平相对较为薄弱。三个样本县均属于国家政府于 2012 年划分的中国贫困地区（目前已"摘帽"脱贫，在调研时期依然属于贫困地区）。根据国家统计局和江西省统计局的统计数据，2012 年三个样本县的人均 GDP 均少于 20000 元，仅占全国整体人均 GDP 的 40% 左

* 如果读者感兴趣，与本节相关内容可参考：Yi, H., Mo, D., Wang, H., Gao, Q., Shi, Y., Wu, P., Abbey, C., Scott, R., "Do Resources Matter? Effects of an In‐Class Library Project on Student Independent Rreading Habits in Primary Schools in Rural China", *Reading Research Quarterly* 54 (3), 2018, pp. 383 – 411。

右；三个样本县的农村居民平均占比超过 80%，远高于全国平均水平（2015 年全国农村居民占比为 44%）和江西省平均水平（2015 年江西省农村居民占比为 48%）。但是，样本地区小学生入学率占全部人口的 9%，高于中国平均水平 6% 的比例。因此，三个样本县在一定程度上可以代表当时全国 680 个贫困县（总人口占据全国人口的 1/5）的平均水平。

（二）方案设计与确定样本量

开展随机干预实验，需要结合研究的方案设计确定项目需要的样本数量。为确定样本数量，研究团队需要确定随机分配单元，也就是说，选择随机分配是在学校层面、乡镇层面还是县层面。假设选择在学生个人层面进行随机分配和随机干预，则需将每所学校的学生随机分配成干预组和对照组。但是在随机分配时也要考虑随机干预实验的内部有效性问题，比如，干预组或对照组在知晓分配结果后可能会产生非预期行为。通常实验对象如果受到霍桑效应或约翰·亨利效应的干扰，可能会影响随机干预实验的内部有效性。霍桑效应主要是形容观测对象意识到自己正在参与干预实验后，个人行为产生的相应变化，比如干预组在意识到自己是受到干预的特殊群体，在被研究者或实验者关注后，他们可能会更加努力地工作，以证明自己是值得被关注的（Roethlisberger and Dickson，1956）。约翰·亨利效应，是指对照组样本意识到自己没有被分配到干预组后产生的更加努力或超常发挥的非预期行为（Saretsky，1972）。为解决非预期行为带来的内部有效性威胁，本研究选择在学校层面进行随机分配。因此，这在一定程度上保证了样本学校对项目的研究设计以及干预组和对照组的分配信息完全不知情，避免干预组和对照组学生间的相互交流。也就是说，干预组样本学校不知道哪些学校会作为对照组，也不知道自己学校本身是不是干预组学校，同样地，对照组样本学校也不知道这些信息。

在确定干预分配单元后，我们利用 power 软件计算样本统计量，即测算研究所需的样本学校的最小数量。假定组内相关系数为 0.15，R^2 为 0.5，犯第一类错误的概率 $\alpha = 0.05$。通过计算得出，如果需要达到至少 0.2 个标准差的项目效果，至少每种干预方案需要达到 40 所样本学校，每所学校内至少有 40 个样本对象。根据 power = 0.8 计算，本研究需要 40 所学校作为干预组学校和 40 所学校作为对照组学校，且每所学校内部至少保证有 40 名受访对象。此外，由于研究方案计划在下一阶段开展二期干预（即第二阶段计划将干预组学校增加到 80 所），故本研究在对照组中额外增加了 40 所样本学校作为样本学校，即将 80 所学校纳入对照组（见图 6 - 1）。纳入研究中的样本量远高于现阶段干预设计所需的样本量，满足了实验设计的基本需求。

（三）抽样策略

为选取 40 所干预组样本学校和 80 所对照组样本学校，即将 120 所学校纳入观测对象，本研究在抽取样本时主要进行了如下基本抽样步骤。首先，将能够代表 3 个样本县的所有样本学校纳入，作为抽样样本框。研究团队从当地教育局获取了 3 个样本县的所有农村公立学校名单，总共有 458 所农村公立小学，因此将 458 所学校作为抽样样本框。

其次，按照分层随机抽样方法确定样本学校，这在一定程度上保证了实验数据在样本地区的外部有效性，即纳入样本的学生能在一定程度上代表 3 个样本县的整体平均情况。按照抽样原则，总共从抽样样本框的学校名单中随机选取了 120 所样本学校。其中，37 所学校（30.8%）位于样本 A 县，25 所学校（20.8%）位于样本 B 县，58 所学校（48.3%）位于样本 C 县。

再次，在确定样本学校后，本研究计划从每所样本学校的四年级和五年级中随机抽取样本班级。由于项目预算及实地执行的限制，在每个样本学校的每个年级最多抽选了两个样本班级，即如果样本学校的四年级或五年级中仅有一个或两个班级，那么将所有班级均作为样本班级；如果学校的四年级或五年级的班级数量多于两个，则根据随机数表随机抽取其中的两个班级作为样本班级。在样本班级中，该班级的所有学生均被作为样本学生纳入研究样本。最后，进行随机干预实验研究的总样本量为来自 120 所学校 288 个班级的 11083 名四年级与五年级农村小学生（见图 6-1）。

（四）按照随机干预实验"三步曲"实施项目

结合随机干预实验方法"三步曲"步骤，本研究的第一步是进行基线调查。研究团队于 2015 年 5 月对 11083 名样本小学生开展了基线调查，收集学校、教师、家长和学生的基本情况以及学生的阅读表现和学业表现信息。在收集学生阅读表现和学业表现信息时，由于研究设计和实地开展的局限性（具体介绍见数据收集部分），我们将样本学生按照随机抽样原则分成两组：一组参加标准化阅读测试和标准化语文测试；另一组进行标准化阅读测试和标准化数学测试。最终在江西省样本学生中，参加标准化数学测试和标准化阅读测试的样本学生总共为 5519 名，占比为 49.8%；参加标准化语文测试和标准化阅读测试的样本学生总共有 5564 名，占比为 50.2%。

在完成基线调查后，本研究的第二步是根据随机分配原则将样本分配为干预组和对照组，并执行具体干预项目。确定干预组和对照组样本量后，根据选择的干预分配单元（学校层面），我们采用随机方法将纳入样本框的学校随机分配成干预组样本学校和对照组样本学校。在具体执行过程中，研究团队主要使用 R 软件进行随机分配，将样本学校随机划分为干预组和对照组。选择随机分配方法，是为了保证干预组和对照组学校特征变量在统计意义上没有显著性差异，可以将对照组作为未执行干预的"反事实"对照组。

为进一步验证随机分配结果，基于基线调查数据，我们进行了平衡性检验，即检验干预组和对照组学校的样本学生在特征变量上的差异性。表 6-1 检验结果发现，在样本学生个人特征和家庭特征上，除学生上学期住校情况外，在学生年级、年龄、性别、父母学历

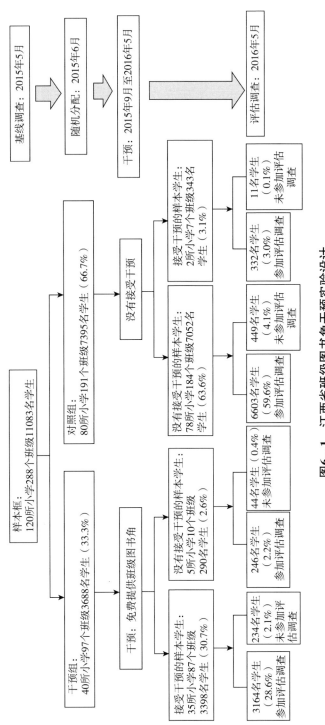

图6-1　江西省班级图书角干预实验设计

和父母有无正式职业等方面，干预组和对照组样本学生在可观测指标上均不存在统计意义上的显著性差异。在阅读资源方面，干预组与对照组样本学生也没有统计意义上的显著性差异，基线调查数据表明干预组和对照组样本学生所在学校的图书馆资源配置比例均超过75%，干预组样本学生中有班级图书角的比例为30%，对照组样本学生中有班级图书角的比例为22%，干预组和对照组样本学生的家庭图书资源均相对较少。此外，干预组和对照组样本学生在学生阅读态度、阅读行为、标准化测试成绩方面也没有显著的统计意义上的差异性。

在分配干预组和对照组后，我们开始实施干预项目。从2015年9月开始，干预组学校的样本班级接受了非政府组织（NGO）提供的班级图书角干预（详见干预执行部分）。与此同时，对照组样本班级没有受到任何形式的干预。根据项目的研究设计，样本学校以及实施项目的调查员均对项目的研究设计以及干预组和对照组的分配信息完全不知情。

表 6 – 1　江西省样本地区学生干预组与对照组平衡性检验

变量	对照组	干预组	干预组与对照组的差值	P 值
学生个人特征				
学生年级（1 = 五年级）	0.52 (3831/7395)	0.51 (1870/3688)	– 0.01	0.86
学生年龄	11.09 (0.91)	11.07 (0.95)	– 0.02	0.77
学生性别（1 = 男）	0.52 (3850/7395)	0.52 (1912/3688)	– 0.00	0.82
上学期住校情况（1 = 是）	0.11 (827/7393)	0.06 (228/3687)	– 0.05 **	0.01

续表

变量	对照组	干预组	干预组与对照组的差值	P 值
学生家庭特征				
父母至少一方有本科学历（1 = 是）	0.17 (1164/6926)	0.18 (621/3486)	0.01	0.31
父母至少一方有正式职业（1 = 是）	0.21 (1451/6927)	0.20 (692/3482)	− 0.01	0.27
留守儿童（1 = 是）	0.46 (3404/7395)	0.48 (1764/3688)	0.02	0.25
学生家里没有冰箱（1 = 是）	0.12 (885/7393)	0.12 (457/3688)	0.00	0.66
学生阅读资源				
学校有图书馆（1 = 是）	0.75 (5535/7395)	0.78 (2871/3688)	0.03	0.57
班级有图书角（1 = 是）	0.22 (1633/7395)	0.30 (1114/3688)	0.08	0.17
家里至少有 25 本图书（1 = 是）	0.09 (596/6816)	0.09 (308/3453)	0.00	0.80
学生阅读态度				
学生喜欢阅读的量表得分	0.01 (1.49)	− 0.02 (1.44)	− 0.03	0.57
学生对阅读有自信心的量表得分	− 0.01 (1.44)	0.02 (1.44)	0.03	0.62
学生认为阅读有助于语文学习（1 = 是）	0.10 (743/7385)	0.10 (377/3679)	0.00	0.86
学生认为阅读有助于数学学习（1 = 是）	0.19 (1386/7380)	0.19 (687/3679)	− 0.00	0.94
学生阅读行为				
未从学校图书馆借阅过图书（1 = 是）	0.82 (6029/7395)	0.78 (2888/3687)	− 0.03	0.50
未从班级图书角借阅过图书（1 = 是）	0.83 (6117/7395)	0.76 (2813/3688)	− 0.06	0.20

续表

变量	对照组	干预组	干预组与对照组的差值	P 值
每天只阅读 30 分钟（1 = 是）	0.42 (3129/7389)	0.42 (1539/3684)	- 0.01	0.82
与朋友谈论过阅读（1 = 是）	0.40 (2936/7363)	0.43 (1594/3669)	0.04	0.26
与朋友一起阅读过（1 = 是）	0.37 (2744/7387)	0.39 (1434/3681)	0.02	0.51
借阅过朋友读过的图书（1 = 是）	0.49 (3607/7388)	0.50 (1855/3679)	0.02	0.59
学生标准化测试成绩				
标准化阅读测试成绩	- 0.01 (0.99)	0.01 (1.02)	0.02	0.72
标准化语文测试成绩	0.00 (1.01)	- 0.01 (0.99)	- 0.01	0.79
标准化数学测试成绩	0.00 (1.00)	- 0.00 (1.00)	- 0.01	0.89

注：1. 在班级层面的聚类稳健标准误显示在括号里，＊＊＊表示 $p < 0.01$，＊＊表示 $p < 0.05$，＊表示 $p < 0.1$。

2. 存在样本缺失情况。

资料来源：作者调查。

在阅读干预实施 8 个月后，即为学生提供 8 个月的班级图书角干预后，项目组进行了随机干预实验的第三步评估调查，收集干预组和对照组观测对象的数据。2016 年 5 月，研究团队开展了评估调查，追踪调查了基线访谈过的同一批样本学生。在参与基线调查的 11083 名样本学生中，10345 样本学生参与了评估调查，有 738 名（7%）样本学生未收集到追踪访谈数据，属于流失样本（见图 6 - 1）。

样本流失可能会导致参与评估调查的干预组和对照组样本观测对象存在统计意义上的显著性差异，即对照组可能无法作为干预组的"反事实"对照组。为此，我们对参加过基线调查同时参与过评估调查的学生进行平衡性检验。平衡性检验结果如表6-2所示。分析结果表明，干预组和对照组样本学生在一系列可观测变量上，即在学生个人特征、家庭特征、学生阅读资源、学生阅读态度、学生阅读行为以及学生标准化测试成绩方面均没有统计意义上的显著性差异。

表6-2　未流失样本学生干预组与对照组平衡性检验

变量	对照组	干预组	干预组与对照组的差值	P 值
学生个人特征				
学生年级（1=五年级）	0.52 (3587/6935)	0.51 (1751/3410)	-0.00	0.95
学生年龄	11.09 (0.90)	11.08 (0.95)	-0.01	0.89
学生性别（1=男）	0.52 (3592/6935)	0.51 (1750/3410)	-0.00	0.65
上学期住校情况（1=是）	0.11 (775/6933)	0.06 (213/3409)	-0.05**	0.02
学生家庭特征				
父母至少一方有本科学历（1=是）	0.52 (3587/6935)	0.51 (1751/3410)	-0.00	0.95
父母至少一方有正式职业（1=是）	0.17 (1082/6510)	0.17 (564/3224)	0.01	0.37
留守儿童（1=是）	0.21 (1351/6511)	0.20 (642/3221)	-0.01	0.40
学生家里没有冰箱（1=是）	0.46 (3175/6935)	0.48 (1638/3410)	0.02	0.16
学生阅读资源				
学校有图书馆（1=是）	0.75 (5193/6935)	0.79 (2677/3410)	0.09	0.15

变量	对照组	干预组	干预组与对照组的差值	P 值
班级有图书角（1 = 是）	0.22 （1552/6935）	0.31 （1061/3410）	0.00	0.50
家里至少有 25 本图书（1 = 是）	0.08 （533/6404）	0.09 （281/3194）	0.00	0.90
学生阅读态度				
学生喜欢阅读的量表得分	0.01 （1.49）	− 0.04 （1.44）	− 0.05	0.41
学生对阅读有自信心的量表得分	− 0.01 （1.44）	0.01 （1.44）	0.02	0.78
学生认为阅读有助于语文学习（1 = 是）	0.10 （700/6926）	0.10 （348/3402）	− 0.01	0.70
学生认为阅读有助于数学学习（1 = 是）	0.19 （1312/6921）	0.18 （625/3401）	− 0.03	0.48
学生阅读行为				
未从学校图书馆借阅过图书（1 = 是）	0.82 （5653/6935）	0.78 （2664/3409）	− 0.07	0.17
未从班级图书角借阅过图书（1 = 是）	0.82 （5719/6935）	0.75 （2573/3410）	− 0.01	0.82
每天只阅读 30 分钟（1 = 是）	0.42 （2920/6929）	0.42 （1416/3406）	0.04	0.27
与朋友谈论过阅读（1 = 是）	0.40 （2756/6903）	0.43 （1473/3391）	0.01	0.59
与朋友一起阅读过（1 = 是）	0.37 （2579/6928）	0.39 （1317/3403）	0.01	0.67
借阅过朋友读过的图书（1 = 是）	0.49 （3406/6928）	0.50 （1716/3401）	− 0.00	0.79
学生标准化测试成绩				
标准化阅读测试成绩	− 0.01 （0.99）	0.00 （1.01）	0.01	0.75

变量	对照组	干预组	干预组与对照组的差值	P 值
标准化语文测试成绩	0.00 (1.00)	−0.01 (0.99)	−0.01	0.80
标准化数学测试成绩	−0.01 (1.00)	−0.01 (1.00)	−0.01	0.90

注：1. 在班级层面的聚类稳健标准误显示在括号里，＊＊＊表示 $p<0.01$，＊＊表示 $p<0.05$，＊表示 $p<0.1$。

2. 存在样本缺失情况。

资料来源：作者调查。

（五）干预和实施

2015～2016 年，NGO 为干预组学校的样本班级提供了班级图书角。班级图书角干预的具体措施主要是，对于每个干预组班级，均会配备班级图书角。NGO 不仅为每个干预组班级的学生免费提供 70 本课外阅读书籍，还会为学生提供摆放图书的书架以及借阅图书的登记册，打造适合学生阅读的班级图书角。班级图书角使用的 70 本课外图书有以下特点。首先，70 本课外图书是由教育学专家、作家、出版社和图书馆工作人员构成的专家小组精心挑选的，以保证这些课外书无论是在阅读内容上还是阅读理解的难易程度方面均适合农村小学生进行阅读。其次，选取的这些课外书不是围绕课本知识进行辅导练习，选取的大部分图书主要是文学书、漫画书、自然科学书等，保证图书内容有趣且容易吸引学生开展阅读活动。所有班级图书角均设立在每所干预组学校的样本班级内，方便学生随时借阅和阅读。班级图书角的管理工作，主要由班级内教师和学生共同负责，也在一定程度上避免了学生借阅流程上的复杂性与延迟性。

根据研究方案的设计规划，所有干预组学校的样本班级均在 2015～2016 学年配备了班级图书角。但由于一些现实因素对干预项目的影响，评估结果表明，在干预组学校中，12.5% 的干预组样本班级的学生没有受到班级图书角的干预。造成该情况出现的原因主要有两大方面。一方面，NGO 没有及时为干预组样本学校提供班级图书角，有些干预组的样本班级在评估时期依然没有班级图书角；另一方面，尽管 NGO 已经为干预组学校样本班级提供了班级图书角，但由于某些学校的校长与教师不支持，样本班级内的图书角处于闲置状态，学校没有将班级图书角放在样本班级中，学生没能真正地使用班级图书角。

此外，项目干预在实施过程中还存在干预污染问题。根据方案最初设计规划，对照组学校在干预实施阶段不应该受到班级图书角的干预。但是评估调查数据结果表明，对照组样本学校中有两所样本学校受到了 NGO 提供的班级图书角的干预。

（六）数据收集

2015 年 5 月，在江西省 120 所样本学校的所有样本班级进行基线调查。调查对象主要为样本学校的校长和四年级与五年级小学生。在小学生的调查问卷中主要涉及两类研究内容。第一类研究内容，为了解小学生的阅读能力发展状况和学业表现情况，对学生进行标准化阅读测试、标准化数学测试和标准化语文测试。如前文所述，在学生的阅读表现方面，主要收集学生的阅读行为、阅读态度以及标准化阅读测试成绩信息；在学生的学业表现方面，主要进行学生的标准化语文测试和标准化数学测试。在测评学生阅读能力和学业表现时，考虑到每门测试的时间长度，样本学生如果在调研当天集中参与三门测试，考试时间过长，影响学生的测试表现。为此，本研究以样本班级为单位按照随机抽样原则将样本学生随机分成两组：一组样本学生参加标准化阅读测试和标准化语文测试；另一组样本学生参加标准化阅读测试和标准化数学测试。根据研究设计要求，我们对随机选取的一部分样本学生进行标准化阅读测试和标准化语文测试；对另一部分学生进行标准化阅读测试和标准化数学测试。学生的测试分数根据各年级样本学生的成绩分布进行标准化，得到标准化测试成绩。第二类研究内容，主要是通过与学生进行问卷访谈获得，访谈内容主要分三部分。问卷访谈的第一部分收集了学生的个人特征（包括学生年级、年龄、性别和住宿情况）和家庭特征（父母的教育程度、父母职业类型、是否外出务工和家庭资产状况）。问卷访谈的第二部分主要关注学生阅读资源的可及性，包括学生在学校、班级和家里的阅读资源状况。第三部分主要了解学生的阅读态度与阅读行为，学生阅读态度的相关访谈问题包括学生是否喜欢阅读、学生的阅读自信心、学生是否认为阅读有助于其学科学习。对于学生阅读行为，我们主要收集了学生从学校图书馆借阅图书的频率，从班级图书角借阅图书的频率，每天在课后阅读课外书的时间是否超过 30 分钟，和朋友讨论阅读、一起阅读的频率，阅读朋友推荐过或读过的图书的频率等信息。

研究团队在干预项目实施 8 个月后，于 2016 年 5 月开展了评估追踪调查。在评估追踪调查中，追踪访谈了基线调查过的样本学生。在追踪调查当天，调查员根据基线访谈名单，仔细核对了每个基线样本学生是否参与了评估调查。如果基线调查过的样本学生在评估调查当天不在调研班级，调查员会询问该学生的同学、教师了解其当天缺席的原因，比如，是不是因为生病请假没有来上学，或者是不是转学到其他学校等。评估调查的内容与基线调查内容一致，仍然包括标准化阅读测试、标准化语文测试、标准化数学测试、学生问卷访谈以及校长问卷访谈。

（七）计量模型

项目主要关注的结果变量有三大类。第一类结果变量主要评估学生的阅读态度，即学生对阅读的喜爱程度、学生对阅读的自信心、学生认为阅读是否有助于其语文或数学学习。第二类结果变量主要关注学生的阅读行为，即学生是否从学校或班级借阅过图书、学生每天进行课外阅读的时长、学生是否与朋友谈论过阅读或一起阅读过、学生是否借阅过朋友读过的图书。第三类结果变量主要包含学生的标准化测试成绩，即学生的标准化阅读测试成绩、标准化语文测试成绩与标准化数学测试成绩。结果变量的描述分析主要见表6-3。

表6-3 干预实施后学生各项结果变量描述

	平均值	标准误	最小值	最大值
学生阅读态度				
学生喜欢阅读的量表得分	0.00	1.57	-5.93	2.28
学生对阅读有自信心的量表得分	-0.00	1.54	-3.45	6.29
学生认为阅读有助于语文学习（1=是）	0.07	0.25	0.00	1.00
学生认为阅读有助于数学学习（1=是）	0.15	0.36	0.00	1.00
学生阅读行为				
未从学校图书馆借阅过图书（1=是）	0.69	0.46	0.00	1.00
未从班级图书角借阅过图书（1=是）	0.47	0.50	0.00	1.00
每天至少阅读30分钟（1=是）	0.55	0.50	0.00	1.00
与朋友谈论过阅读（1=是）	0.53	0.50	0.00	1.00
与朋友一起阅读过（1=是）	0.41	0.49	0.00	1.00
借阅过朋友读过的图书（1=是）	0.61	0.49	0.00	1.00
学生标准化测试成绩				
标准化阅读测试成绩	0.00	1.00	-2.73	3.31
标准化语文测试成绩	0.00	1.00	-5.03	2.05
标准化数学测试成绩	0.00	1.00	-3.02	2.32

注：1. 在班级层面的聚类稳健标准误显示在括号里，＊＊＊表示$p<0.01$，＊＊表示$p<0.05$，＊表示$p<0.1$。

2. 存在样本缺失情况。

资料来源：作者调查。

为评估阅读项目的干预效果，本研究主要通过三种分析方法进行实证评估。基于随机干预实验的方案设计，本研究评估了项目的意向干预效果（Intention-to-Treat Effect，ITT）。意向干预效果主要评估了实施阅读干预项目后带来的整体平均影响效果。但是，样本学生在干预项目实施中不具有100%的依从性，即干预组样本学生中有些学生可能没有受到干预，对照组样本学生中有些可能也会受到干预，没有完全依从随机分配方式进行干预。为此，本研究进一步分析了局部平均干预效果（Loacal Average Treatment Effect，LATE）。分析局部平均干预效果时，可以在分析干预影响效果时将样本依从性纳入分析，评估依从随机分配的样本受到的干预效果，即实施干预措施带来的实际影响效果。最后，由于班级图书角干预项目的实施可能对不同特征的学生群体影响效果有较大差异性，本研究进一步进行了异质性分析。三种分析方法的具体分析如下所示。

1. 意向干预效果

为分析阅读干预项目的意向干预效果，本研究使用最小二乘法评估班级图书角干预项目实施对学生群体在上述三大类结果变量方面的整体平均影响效果。本研究在数据分析时加入了有关学生个人特征、家庭背景特征、学生基线标准化测试成绩和乡镇固定效应等一系列相关控制变量。回归的具体模型为：

$$Y_{ijc} = \alpha + \beta\, T_{jc} + \gamma\, X_{ijc0} + \delta\, Y_{ijc0} + \tau\, D_c + \varepsilon_{ijc} \qquad (6-1)$$

其中 Y_{ijc} 代表来自乡镇 c 学校 j 的学生 i 的结果产出，即包含学生阅读态度、阅读行为、阅读成绩与学业表现的一系列结果变量。T_{jc} 为干预的虚拟变量，取值为 1 时，代表样本学校被分配到干预组，会受到班级图书角的干预；取值为 0 时，代表样本学校被分配到对照组，没有受到班级图书角的干预。X_{ijc0} 包含来自学校 j 的学生 i 在基线调研时期的学生个人特征变量和家庭特征变量，主要包含 2015 年春季学期时的学生年级、年龄、性别和住校情况以及父母的受教育程度、职业类型、是否外出务工和家庭经济状况等。Y_{ijc0} 代表基线调研时期的结果变量（即学生在基线时期的阅读态度、阅读行为、阅读成绩与学业表现）。D_c 代表县层面的虚拟变量。系数 β 用于衡量班级图书角干预项目带来的意向干预效果。ε_{ijc} 为误差项。在回归模型中，我们也调整了班级层面的聚类标准误。

2. 局部平均干预效果

尽管随机干预实验方法是评估项目干预效果的黄金准则，考虑到项目的不完全依从性以及干预污染问题，意向干预效果主要估计了实施干预带来的整体影响，但可能不是干预措施本身带来的实际效果。本研究最初设计的干预分配与最终实际实施的干预分配不完全一致，需要进一步测算才能探究干预的实际效果。因此，众多影响评估实证文献采用工具变量方法评估干预项目的局部平均干预效果，即仅通过项目的依从群体评估干预实施的影响效果（Sussman and Hayward, 2010）。

由于存在不完全依从性及干预污染问题，观测变量的实际干预存在内生性，但工具变量是根据项目干预原则，即采用随机方法分配，不存在内生性问题。采用工具变量方法估计的干预效果仅根据项目依从者（也就是那些应该被分配到干预组且实际受到干预的观测对象和那些被分配到对照组且实际没有受到干预的观测对象）解释干预的影响效果。LATE 模型与式（6-1）相似，仅仅将式（6-1）中的 T_{jc} 替换为式（6-2）中的 C_{jc}，即实际是否接受班级图书角的干预变量。具体模型如下：

$$Y_{ijc} = \alpha + \beta C_{jc} + \gamma X_{ijc0} + \delta Y_{ijc0} + \tau D_c + \varepsilon_{ijc} \qquad (6-2)$$

其中，Y_{ijc} 仍代表来自乡镇 c 学校 j 的学生 i 的结果产出，即包含学生阅读态度、阅读行为、阅读成绩与学业表现的一系列结果变量。C_{jc} 为项目干预的虚拟变量，取值为 1 时，表示样本学校真正受到班级图书角的干预；取值为 0 时，表示样本学生实际没有受到班级图书角的干预。变量 C_{jc} 可能与残差项有关，但 T_{jc} 可以作为 C_{jc} 的工具变量。T_{jc} 与残差项无关，仅与 C_{jc} 有很强的相关性。X_{ijc0} 包含来自学校 j 的学生 i 在基线调研时期的学生个人特征变量和家庭特征变量。Y_{ijc0} 代表基线调研时期的结果变量。系数 β 用于衡量班级图书角干预项目带来的局部平均干预效果。在回归模型中，我们也调整了班级层面的聚类标准误。

3. 异质性分析 ITT 干预效果

除分析班级图书角项目的干预对学生群体的整体平均影响效果外，本研究考虑到班级图书角项目的干预效果可能对不同特征学生群体的干预效果有差异，因此进一步尝试进行干预效果的异质性分析，识别班级图书角项目干预效果在不同特征学生群体中的差异性。本研究主要使用以下模型评估异质性效果：

$$Y_{ijc} = \alpha + \beta\, T_{jc} + \vartheta\, T_j\, W_{ijc} + \theta W_{ijc} + \gamma\, X_{ijc0} + \delta\, Y_{ijc0} + \tau\, D_c + \varepsilon_{ijc} \quad (6-3)$$

其中，Y_{ijc} 仍代表来自乡镇 c 学校 j 的学生 i 的评估期结果产出。W_{ijc} 为虚拟变量，代表学生基线时期的特征变量。系数 ϑ 用于估计班级图书角干预对某些特征学生群体的干预效果差异性（与基线时期没有某些特征的学生群体对比）。X_{ijc0} 包含来自学校 j 的学生 i 在基线调研时期的学生个人特征变量和家庭特征变量。在回归模型中，我们也调整了班级层面的聚类标准误。

基于此模型，本研究分析了班级图书角项目干预效果在群体性别间的差异性（即男生和女生间）、在阅读测试成绩不同的学生群体中的差异性（即按照学生阅读测试成绩划分为阅读成绩较好的学生群体和阅读成绩较差的学生群体）、在不同家庭经济背景下的学生群体的差异性（即来自相对富裕家庭和相对贫困家庭的学生群体）。为评估阅读成绩不同的学生群体受到的项目干预效果，我们将在基线时期测试成绩排名位于后 1/4 的学生称为阅读成绩差的学生。

二 农村地区小学生的阅读资源

如前文所示，农村地区学生的家庭阅读资源十分有限，大部分农村样本小学生在家里几乎没有适合自己阅读的图书。即使农村地区样本学生在学校有课外阅读资源，很多阅读资源也似乎不适合农村学生进行阅读。江西省的基线数据结果表明，10% 的样本学生认为阅读有助于学生语文学习，19%的样本学生认为阅读有助于数学学习（见表6-1）。农村样本学生对阅读的错误认知可能有以下两个原因。第一，小学生年龄尚小，还没有正确认识到开展课外阅读与其学业表现的相关关系。第二，样本学生的教师和家长给学生灌输了错误的阅读观念。调查数据结果表明，许多农村地区样本教师和家长依然对课外阅读存在错误认识，认为课外阅读会占用学生的学习时间，不利于学生的学业学习。

即使一些样本学生拥有阅读资源，他们也很少利用这些阅读资源。在拥有学校图书馆资源的8405名样本学生中，74%的样本学生从未从学校图书馆中借阅过图书。问卷访谈也收集了学生不愿意从学校图书馆借阅图书的原因，在这些不愿意借阅图书的学生中有67%的学生反映学校图书资源不允许借阅回家。即使班级有图书资源，超过1/5（22%）的样本学生却从未从班级借阅过图书，这些学生也表明班级的图书不允许借阅回家。以上分析表明，即使存在学校图书资源，但由于图书资源有限制的开放，图书资源利用效率较低。

与此同时，学校图书资源经常不适合学生阅读也是学生不愿意借阅图书的重要原因。即使学校有阅读资源，但只有23%的样本学生认为他们可以从学校借阅到自己感兴趣的图书，但其中60%的样本学生无法完全理解图书的内容。也有文献指出，农村学校的图书资源并不完全根据学生的需要来提供，比如，有些是针对学校建设需要配置的关于计算机软件或如何修理电脑的书籍（International Initiative for Impact Evaluation，2017）。本研究的实证调查也进一步佐证了文献的相关研究，发现一些农村样本学校的图书不适合学生阅读。

三 阅读干预项目对农村地区学生阅读态度的影响

PIRLS在许多国家开展的实证调研数据发现，学生阅读态度与其阅读测试成绩之间存在正向相关关系（Mullis et al.，2012）。为此，本研究首先从学生阅读态度入手，评估班级图书角干预项目对农村样本地区小学生阅读态度的影响效果，数据分析结果如表 6-4 所示。表 6-4 中面板 A 和面板 B 分别呈现了四类学生阅读态度的 ITT 和 LATE 分析结果。从班级图书角干预项目对学生喜欢阅读的程度的影响来看，ITT 分析结果表明班级图书角干预项目的实施显著地提高了学生喜爱阅读的可能性。具体而言，采用 PIRLS 量表对学生喜欢阅读的程度进行得分测试发现，在整体平均测试得分中干预组样本小学生比对照组样本小学生得分明显高出 0.17 分（显著性在 1% 水平下）。如面板 B 所示，LATE 的分析结果与 ITT 分析结果一致，班级图书角干预项目的实施提高了学生对阅读的喜欢程度。具体而言，对项目依从群体进行分析发现，受到班级图书角干预的干预组样本学生比未受到班级图书角干预的对照组样本学生在喜爱阅读的测试中平均得分提高了 0.19 分（面板 B）。

其次，本研究评估了班级图书角干预项目对农村样本地区小学生阅读自信心的影响效果。尽管班级图书角干预项目的实施有利于提高学生对阅读的喜欢程度，但 ITT 和 LATE 分析结果却发现班级图书角干预项目的实施对学生阅读自信心产生了负面的影响效果。ITT 分析结果如面板 A 所示，通过 8 个月的班级图书角干预项目的实施，干预组样本学生在阅读自信心量表测试成绩上整体比对照组样本学生得分显著低 0.12 分（在 5% 显著水平下）。LATE 分析结果与 ITT 分析结果一致，也发现了阅读干预措施对学生阅读自信心有显著的负面影响效果。如面板 B 所示，在班级图书角干预项目实施后，即实际受到干预的干预组样本学生比未受到干预的对照组样本学生在阅读自信心量表得分上显著低 0.13 分。我们进一步对造成农村样本小学生阅读自信心降低的原因进行了探究。尽管缺乏实证调查数据的支持，但我们根据实地访谈情况分析，造成学生阅读自信心下降的主要原因可能是，样本农村学生在阅读干预项目实施之前几乎没有机会接触丰富多样的阅读材料，很有可能班级图书角干预项目的实施会短期内使学生的阅读自信心受到挑战，尤其是对于农村地区样本学生这些阅读初学者而言，在没有很好的阅读指导的情况下很有可能使学生的阅读自信心会受到影响。

最后，本研究进一步分析了班级图书角干预项目的实施是否会影响学生对课外阅读重要性的认知。数据分析结果表明班级图书角项目的开展显著地提高了农村地区样本小学生对课外阅读重要性的认识（见表6-4）。从 ITT 分析结果我们可以看到，尽管阅读干预项目的实施没有对样本学生的语文学习产生负面影响效果，但对样本学生的数学学习产生了负面影响效果，显著地降低了认为课外阅读会对数学学习有负面影响的学生的比例（在 10% 的显著性水平下，见表6-4面板 A）。与此同时，LATE 分析结果表明，在实际受到班级图书角项目干预后，认为课外阅读对数学学习有负面影响的学生比例显著下降了3%（在 10% 的显著水平下，见表6-4面板 B）。但是，与 ITT 分析结果一致，LATE 分析结果表明班级图书角干预项目似乎没有改变学生关于课外阅读对语文学习有负面影响的观念。

表6-4 江西省班级图书角干预项目对学生阅读态度的影响

	学生喜欢阅读	学生阅读自信心	阅读对语文学习有负面影响	阅读对数学学习有负面影响
	（1）	（2）	（3）	（4）
面板 A：ITT 干预效果				
干预分配组（1=是）	0.17*** (0.0033)	-0.12** (0.0326)	-0.00 (0.9213)	-0.02* (0.0538)
学生个人特征	是	是	是	是
学生家庭特征	是	是	是	是
基线时期学生阅读态度结果变量	是	是	是	是
县虚拟变量	是	是	是	是
常数项	1.12*** (0.0000)	-0.86*** (0.0005)	-0.02 (0.6095)	0.05 (0.3857)
观测值	9575	9639	9650	9627
R^2	0.2065	0.1717	0.0201	0.0203

续表

	学生喜欢阅读	学生阅读自信心	阅读对语文学习有负面影响	阅读对数学学习有负面影响
	（1）	（2）	（3）	（4）
面板 B：LATE 干预效果				
实际受到干预（1 = 是）	0.19*** (0.0032)	-0.13** (0.0329)	-0.00 (0.9208)	-0.03* (0.0504)
学生个人特征	是	是	是	是
学生家庭特征	是	是	是	是
基线时期学生阅读态度结果变量	是	是	是	是
县虚拟变量	是	是	是	是
常数项	1.11*** (0.0000)	-0.85*** (0.0005)	-0.02 (0.6085)	0.05 (0.3642)
观测值	9575	9639	9650	9627
R^2	0.2065	0.1715	0.0201	0.0207

注：1. 在班级层面的聚类稳健标准误显示在括号里，***表示 $p < 0.01$，**表示 $p < 0.05$，*表示 $p < 0.1$。

2. 学生个人特征、学生家庭特征以及基线时期学生阅读态度结果变量见表 6-1。

3. 存在样本缺失情况。

资料来源：作者调查。

四 阅读干预项目对农村地区学生阅读行为的影响

班级图书角干预项目实施的初始目标是为学生提供阅读机会和阅读的可能性。因此，本研究尝试评估阅读干预项目在改变学生的阅读态度后，是否有助于改变学生的阅读行为。表 6-5 报告了江西省班级图书角干预项目的实施对学生阅读行为的影响。ITT 与 LATE 的分析结果仍展示在面板 A 与面板 B 里。

从学生借阅图书的行为中我们发现，班级图书角干预项目的实施没有影响学生从学校图书馆借阅图书的行为。无论是 ITT 分析结果还是 LATE 分析结果均表明，班级图书角干预项目的实施对学生从学校图书馆借阅图书的行为没有产生统计意义上的显著性影响（见表6-5）。然而，分析结果却发现班级图书角干预项目的实施显著地改变了学生从班级图书角借阅图书的行为。具体而言，ITT 分析结果表明，班级图书角干预项目显著地降低了从来没有借阅过班级图书角图书的学生比例，相比对照组学生，干预组学生从来没有借阅过班级图书角图书的可能性降低了 61%（显著性在 1% 水平下，见表6-5面板A）。LATE 分析结果与 ITT 分析结果一致，但干预的影响效果相对更大。LATE 分析结果显示，实际受到班级图书角干预的学生从来没有借阅过班级图书角图书的可能性比对照组学生下降了 66%（显著性在 1% 水平下，见表6-5面板B）。综合学生从学校和班级借阅图书的行为来看，班级图书角项目的干预显著改变了学生借阅图书的行为。学生从未从学校借阅图书的行为没有得到显著改变的可能原因是，如上文所述，阅读干预项目的实施措施主要是在学生班级配置图书角，增加了样本学生班级内的图书资源，没有显著提高学校图书馆的阅读资源，也没有对学校图书资源的开放限制产生影响。

与之相似，从学生阅读时长来看，班级图书角干预项目中，干预组学生相比对照组学生，更有可能在课后开展课外阅读。ITT 分析结果显示，班级图书角干预项目的实施显著地提高了学生每天课后阅读的可能性。在阅读干预项目实施 8 个月后，在课后学生每天至少阅读 30 分钟的比例方面，干预组样本学生比对照组样本学生整体上提高了 10% 的阅读可能性（显著性在 1% 水平下）。LATE 分析结果与 ITT 分析结果仍一致，实际受到阅读干预项目的农村样本学生比对照组样本学生在每天进行课后阅读的可能性提高了 10%（显著性在 1% 水平下）。以上分析结果表明，班级图书角干预项目的实施，对促进学生进行课外阅读有帮助。

更有意思的发现是，在学生与朋友谈论阅读方面，我们发现班级图书角干预项目的实施显著地促进了样本地区农村小学生与朋友在阅读上的交流。表6-5展示了班级图书角干预措施对样本地区学生与朋友讨论阅读、与朋友一起阅读以及从朋友那里借阅图书行为的影响效果。从样本地区学生与朋友谈论过阅读方面我们发现，班级图书角干预项目的实施显著提高了农村小学生与朋友讨论阅读的可能性。具体而言，ITT分析结果表明班级图书角干预项目实施一段时间后，干预组样本学生整体上比对照组样本学生在与朋友讨论阅读的可能性方面提高了13%（显著性在1%水平下）。LATE分析结果如面板B所示，班级图书角的干预方式可以显著提升样本地区农村小学生与朋友讨论阅读的可能性，在1%的显著水平下提高了15%的可能性，与ITT分析结果一致。从样本地区学生与朋友一起阅读的可能性上，我们发现班级图书角干预项目的实施产生了积极的影响效果。具体来看，ITT分析结果表明，阅读干预项目的实施，促使干预组样本小学生比对照组样本小学生在与朋友一起进行阅读的可能性上提高了7%（在1%显著水平下）。LATE分析结果也有一致的发现，班级图书角的干预方式可以让实际受到干预的干预组样本学生比未受到干预的对照组样本学生，与朋友一起阅读的可能性提升了8%（在1%显著水平下）。在借阅朋友读过的图书的行为方面，班级图书角干预项目的实施也对样本班级产生了积极的正向影响效果。具体来看，ITT分析结果表明班级图书角干预项目的干预措施促使干预组样本学生整体上比对照组样本学生，在借阅过朋友读过的图书的行为上显著地提高了9%的可能性（在1%显著水平下）。LATE分析结果也进一步证实了一致的发现，即实际受到干预的干预组学生比未受到干预的对照组学生，在借阅朋友读过的图书行为上显著提升了10%的可能性。综上所述，班级图书角干预项目对样本地区学生在与朋友进行阅读交流的行为方面产生了显著的影响（在1%显著水平下）。

表 6 - 5　江西省班级图书角干预项目对学生阅读行为的影响

	未从学校图书馆借阅过图书(1 = 是)	未从班级图书角借阅过图书(1 = 是)	每天至少阅读30分钟(1 = 是)	与朋友谈论过阅读(1 = 是)	与朋友一起阅读过(1 = 是)	借阅过朋友读过的图书(1 = 是)
	(1)	(2)	(3)	(4)	(5)	(6)
面板 A：ITT 干预效果						
干预分配组(1 = 是)	- 0.05 (0.3487)	- 0.61 *** (0.0000)	0.10 *** (0.0002)	0.13 *** (0.0000)	0.07 *** (0.0091)	0.09 *** (0.0006)
学生个人特征	是	是	是	是	是	是
学生家庭特征	是	是	是	是	是	是
基线时期学生阅读行为结果变量	是	是	是	是	是	是
县虚拟变量	是	是	是	是	是	是
常数项	0.39 *** (0.0027)	0.54 *** (0.0000)	0.69 *** (0.0000)	0.64 *** (0.0000)	0.45 *** (0.0000)	0.62 *** (0.0000)
观测值	9683	9681	9667	9609	9653	9656
R^2	0.3109	0.4917	0.0912	0.1007	0.0690	0.0826
面板 B：LATE 干预效果						
实际受到干预(1 = 是)	- 0.05 (0.3443)	- 0.66 *** (0.0000)	0.10 *** (0.0001)	0.15 *** (0.0000)	0.08 *** (0.0073)	0.10 *** (0.0004)
学生个人特征	是	是	是	是	是	是
学生家庭特征	是	是	是	是	是	是
基线时期学生阅读行为结果变量	是	是	是	是	是	是
县虚拟变量	是	是	是	是	是	是
常数项	0.39 *** (0.0023)	0.64 *** (0.0000)	0.68 *** (0.0000)	0.63 *** (0.0000)	0.44 *** (0.0000)	0.62 *** (0.0000)
观测值	9683	9681	9667	9609	9653	9656
R^2	0.3111	0.5263	0.0923	0.1033	0.0705	0.0844

注：1. 学生个人特征、学生家庭特征以及基线时期学生阅读行为结果变量见表 6 - 1。

　　2. 在班级层面的聚类稳健标准误显示在括号里，*** 表示 $p < 0.01$，** 表示 $p < 0.05$，* 表示 $p < 0.1$。

　　3. 存在样本缺失情况。

资料来源：作者调查。

五　阅读干预项目对农村地区学生阅读能力与学业表现的影响

班级图书角干预项目实施的最终愿景是能够切实促进农村地区样本小学生阅读能力的提高，并进一步助力农村小学生学业表现的提升。为此，本研究进一步分析了班级图书角干预项目对样本地区学生阅读测试成绩和学业测试成绩的影响效果。首先，从班级图书角干预对样本地区学生的阅读测试成绩的影响效果进行评估发现，尽管阅读干预项目显著影响了学生进行阅读的行为表现，但项目的实施似乎没有显著提高学生的阅读测试成绩。如表 6 - 6 所示，ITT 和 LATE 分析结果均表明，干预措施实施 8 个月后，班级图书角干预项目没有显著地提高学生的阅读测试成绩，阅读干预措施与学生阅读能力测试成绩的回归系数之间没有统计意义上的显著性差异。

其次，本研究进一步评估了班级图书角干预项目对样本地区农村小学生的学业表现的影响效果。令人遗憾的是，班级图书角干预项目实施 8 个月后，没有显著地提升学生的学业表现。如表 6 - 6 所示，ITT 和 LATE 分析结果均表明，班级图书角干预项目实施一段时间后，样本学生的标准化语文测试成绩与标准化数学测试成绩均没有得到显著提高。尽管班级图书角干预项目对学生标准化语文测试成绩和标准化数学测试成绩影响的回归系数为正值，但是没有统计意义上的显著性。

为什么班级图书角干预项目的实施没有显著地提升样本地区农村小学生的学业表现？当学生进行阅读时，理论上通过学习新的生词、成语以及语句，可以增加他们的词汇量和提升他们的语言能力。由于在数学问题的理解过程中也需要运用到阅读知识，学生阅读能力的提高也相应地会提高其数学成绩（Mullis et al.，2012）。班级图书角阅读干预项目的开展促进学生进行阅读，使学生开阔了眼界、丰富了知识，促进了学生思辨能力和创造能力的发展。但本研究没有发现班级图书角干预项目对学生阅读测试成绩有显著影响，这很有可能造成无法识别班级图书角干预项目对学生学业成绩的显著影响。该结果与以前学者在菲律宾和印度的研究结果一致（Borkum et al.，2012；Abeberese et al.，2014），他们的研究也是不仅为学生提供阅读资源，还提供阅读指导，但也没有提升学生的学业表现。与此同时，本研究也在一定程度上证实，即使面对竞争激烈的教育现状，课外阅读也不会对学生的教育产出造成负面影响。

表 6-6　江西省班级图书角干预项目对学生阅读能力与学业表现的影响

	标准化阅读测试成绩	标准化语文测试成绩	标准化数学测试成绩
	（1）	（2）	（3）
面板 A：ITT 干预效果			
干预分配组（1＝是）	0.00 （0.9147）	0.03 （0.4260）	0.03 （0.5610）
学生个人特征	是	是	是
学生家庭特征	是	是	是
基线时期学生标准化测试成绩结果变量	是	是	是
县虚拟变量	是	是	是
常数项	0.64*** （0.0000）	0.43*** （0.0080）	0.91*** （0.0000）
观测值	9685	4820	4851
R^2	0.5457	0.5579	0.4766
面板 B：LATE 干预效果			
实际受到干预（1＝是）	0.00 （0.9142）	0.03 （0.4205）	0.03 （0.5563）
学生个人特征	是	是	是
学生家庭特征	是	是	是
基线时期学生标准化测试成绩结果变量	是	是	是
县虚拟变量	是	是	是

续表

	标准化阅读测试成绩	标准化语文测试成绩	标准化数学测试成绩
	（1）	（2）	（3）
常数项	0.64 *** （0.0000）	0.43 *** （0.0073）	0.91 *** （0.0000）
观测值	9685	4820	4851
R^2	0.5458	0.5580	0.4769

注：1. 在班级层面的聚类稳健标准误显示在括号里，＊＊＊表示 $p < 0.01$，＊＊表示 $p < 0.05$，＊表示 $p < 0.1$。

2. 学生个人特征、学生家庭特征以及基线时期学生标准化测试成绩结果变量见表 6-1。

资料来源：作者调查。

六　阅读项目干预效果的异质性分析

如文献梳理部分所示，既往文献表明，学生阶段男生群体、来自收入水平相对较低家庭的学生群体、阅读表现相对较差的学生群体以及留守农村儿童群体，更有可能在阅读发展中面临更多发展阻碍，属于阅读发展弱势群体（Stanovich，1986；Pretorius and Currin，2010；Mullis et al.，2012）。因此，本研究进一步探究班级图书角干预项目的实施在改善学生阅读表现的同时，是否更有助于阅读发展弱势群体在阅读发展中得到更大幅度的提升，从而在整体上缩小农村地区学生群体的阅读表现差异性。表 6-7 至表 6-9 报告了在学生阅读态度、阅读行为、阅读能力和学业表现结果指标上，班级图书角干预项目对不同特征群体的学生异质性分析效果。

从性别群体来看，班级图书角干预项目在学生阅读态度和阅读行为上，对农村样本地区男生群体产生的干预效果要高于对样本地区女生群体产生的干预效果。首先，如表 6-7 面板 A 所示，在阅读态度上，我们从学生喜欢阅读、阅读自信心以及有关阅读对语文和数学学习的影响态度上发现，班级图书角干预项目实施一段时间后缩小了农村样本地区男生和女生对阅读的喜爱差距。具体而言,江西省基线调查时的样本学生数据分析结果表明,在小学阶段男生对阅读喜欢的量表测试得分比女生测试得分低 0.48 分。从表 6 - 7 可以发现班级图书角干预项目实施一段时间后,对样本男生群体产生的干预效果比样本女生群体平均高出 0.13 分(显著性在 10% 水平下)。但是,数据分析结果没有发现干预项目对男生和女生在阅读自信心、有关阅读对课业学习的影响态度上有统计意义上的差异性影响。其次,如表 6 - 8 面板 A 所示,在阅读行为上,我们在学生从学校图书馆和班级图书角借阅图书的比例、阅读时长以及与朋友进行阅读交流的比例方面发现,班级图书角干预项目实施一段时间后,会缩小农村样本男生和女生与朋友进行阅读交流的比例差距。具体而言,研究数据发现样本男生比样本女生的阅读行为表现相对更差,但干预的实施促使男生比女生与朋友讨论阅读的可能性提高了 6%(显著性在 5% 水平下)。与此同时,班级图书角干预项目的实施也显著地提高了农村样本男生从朋友那里借书的概率,与女生相比,干预项目对男生的影响提高了 7% 的可能性(显著性在 1% 水平下)。然而,在从学校图书馆和班级图书角借阅图书的比例和阅读时长方面,没有发现班级图书角干预项目对男生和女生有显著的影响差异。最后,从学生阅读测试成绩和学业表现测试成绩来看,班级图书角干预项目对男生和女生没有产生统计意义上的显著性差异。

从阅读表现不同的学生群体来看,与阅读测试成绩相对较高的学生相比,班级图书角干预项目对阅读测试成绩相对较低的学生的影响效果相对更大。具体而言,班级图书角干预项目在学生阅读态度和阅读行为上的干预效果更为凸显。首先,如表 6 - 7 面板 C 所示,数据分析结果表明,班级图书角干预项目对阅读测试成绩相对较低的学生影响效果相比阅读测试成绩相对较高的学生的影响效果,在学生喜欢阅读的量表测试得分上整体平均提高了 0.14 分(显著性在 10% 水平下)。然而,班级图书角干预项目对阅读测试成绩不同的学生群体在学生阅读自信心、有关阅读对课业学习的影响态度方面没有统计意义上的显著性影响（见表6-7面板C）。其次，如表6-8面板C所示，班级图书角干预项目的实施促使阅读测试成绩相对较低的样本学生从学校图书馆借阅图书的可能性相比阅读成绩相对较高的样本学生降低了5%（显著性在10%水平下）。此外，班级图书角干预项目的实施，也促使阅读成绩相对较低的样本学生比其他样本学生，在和朋友一起阅读的可能性上提高了5%（显著性在10%水平下，见表6-9面板C）。然而，班级图书角干预项目对阅读成绩不同的学生群体在从班级图书角借阅图书、阅读时长、与朋友谈论过阅读、借阅朋友读过的图书的比例上没有统计意义上的显著性影响效果。最后，从学生阅读测试成绩和学业表现测试成绩来看，班级图书角干预项目对阅读成绩表现不同的学生群体没有产生统计意义上的显著性差异（见表6-9面板C）。

　　从留守儿童与非留守儿童群体来看，班级图书角干预项目的实施，也促使留守儿童比非留守儿童在阅读行为上受益更大。首先，从学生阅读态度来看，班级图书角干预项目对样本地区留守儿童和非留守儿童在对阅读的喜欢和有关阅读对课业学习的影响态度上没有统计意义上的显著性差异（见表6-7面板D）。然而，班级图书角干预项目实施后，样本地区留守儿童对阅读的自信心相对下降了14%的可能性（显著性在5%水平下，见表6-7面板D）。一种可能的原因是，当学生有机会获取适合自己阅读的图书资源时，与非留守儿童相比，留守儿童从家庭中获取的阅读支持与指导相对更少，因此不利于他们的阅读自信心的提高。其次，从学生阅读行为来看，班级图书角干预项目实施一段时间后，缩小了留守儿童与非留守儿童在"未从班级图书角借阅过图书"和"借阅朋友读过的图书"方面的差异性。与非留守儿童相比，班级图书角干预措施促使样本地区留守儿童从班级图书角借阅图书的可能性降低了3%（显著性在5%水平下，见表6-8面板D）。样本地区留守儿童在"借阅朋友读过的图书"的可能性方面，在班级图书角干预项目实施后，与非留守儿童相比，提高了4%（在10%显著性水平下，见表6-8面板D）。最后，从学生阅读测试成绩和学业表现测试成绩来看，班级图书角干预项目对留守儿童和非留守儿童群体没有产生统计意义上的显著性差异（见表6-9面板D）。

尽管班级图书角干预项目对农村样本地区不同性别群体、不同阅读表现群体、留守儿童与非留守儿童群体有显著的干预效果差异，但分析结果没有发现班级图书角干预项目的实施对家庭收入水平有差异的样本学生产生统计意义上的显著性差异（见表6-7至6-9面板B）。在对学生的阅读态度、阅读行为以及阅读能力和学业表现结果变量上，班级图书角干预项目对来自不同收入家庭的学生均没有产生显著性差异（见表6-7至表6-9面板B）。

综上所述，班级图书角干预项目的实施可以帮助农村样本地区男生、阅读表现相对较差的学生以及留守儿童获益更多。简而言之，班级图书角干预项目的实施缩小了农村样本地区的男生与女生、阅读成绩相对落后学生与阅读成绩相对较好学生、留守儿童与非留守儿童在对阅读的喜欢程度、阅读对学生语文学习和数学学习的影响认知、阅读行为上的差距。

表6-7 江西省班级图书角干预项目对不同特征学生群体阅读态度的影响

	学生喜欢阅读	学生阅读自信心	阅读对语文学习有负面影响	阅读对数学学习有负面影响
	（1）	（2）	（3）	（4）
面板A：男生群体				
干预分配组与男生交互项	0.13* (0.0539)	-0.10 (0.1309)	0.01 (0.5497)	0.02 (0.1562)
干预分配组（1=是）	0.11* (0.0779)	-0.07 (0.3012)	-0.00 (0.6577)	-0.04** (0.0253)
男生（1=是）	-0.48*** (0.0000)	0.19*** (0.0000)	0.00 (0.6286)	-0.02** (0.0122)

续表

	学生喜欢阅读	学生阅读自信心	阅读对语文学习有负面影响	阅读对数学学习有负面影响
	（1）	（2）	（3）	（4）
面板 B：低收入家庭的学生群体				
干预分配组与低收入家庭的学生交互项	− 0.01 （0.9489）	− 0.05 （0.5597）	− 0.03 （0.1105）	− 0.03 （0.1655）
干预分配组（1 = 是）	0.17 *** （0.0037）	− 0.12 ** （0.0487）	0.00 （0.7346）	− 0.02 （0.1231）
低收入学生（1 = 是）	− 0.14 ** （0.0193）	0.12 ** （0.0497）	0.02 * （0.0697）	0.02 （0.2561）
面板 C：阅读能力较差群体				
干预分配组与阅读能力较差学生交互项	0.14 * （0.0793）	− 0.09 （0.3135）	− 0.01 （0.5356）	0.02 （0.4648）
干预分配组（1 = 是）	0.15 ** （0.0143）	− 0.11 * （0.0646）	0.00 （0.9077）	− 0.03 ** （0.0321）
阅读能力较差学生（1 = 是）	− 0.62 *** （0.0000）	0.64 *** （0.0000）	0.08 *** （0.0000）	0.07 *** （0.0000）
面板 D：留守儿童				
干预分配组与留守儿童交互项	0.08 （0.1996）	− 0.14 ** （0.0254）	− 0.00 （0.7651）	− 0.01 （0.4587）
干预分配组（1 = 是）	0.14 ** （0.0449）	− 0.06 （0.3678）	0.00 （0.9298）	− 0.02 （0.2037）
留守儿童（1 = 是）	0.00 （0.9644）	0.04 （0.2838）	− 0.01 * （0.0775）	0.00 （0.9902）
观测值	9575	9639	9650	9627

注：1. 在班级层面的聚类稳健标准误显示在括号里，*** 表示 $p < 0.01$，** 表示 $p < 0.05$，* 表示 $p < 0.1$。

2. 回归群组中均控制了学生个人特征、学生家庭特征以及基线时期学生阅读态度结果变量，具体变量描述见表 6 – 1。

3. 存在样本缺失情况。

资料来源：作者调查。

表 6-8 江西省班级图书角干预项目对不同特征学生群体阅读行为的影响

	未从学校图书馆借阅过图书(1=是)	未从班级图书角借阅过图书(1=是)	每天至少阅读30分钟(1=是)	与朋友谈论过阅读(1=是)	与朋友一起阅读过(1=是)	借阅朋友读过的图书(1=是)
	(1)	(2)	(3)	(4)	(5)	(6)
面板 A：男生群体						
干预分配组与男生交互项	-0.02 (0.2704)	-0.02 (0.2372)	0.04 (0.1035)	0.06** (0.0122)	0.02 (0.5097)	0.07*** (0.0037)
干预分配组(1=是)	-0.04 (0.4446)	-0.60*** (0.0000)	0.08*** (0.0057)	0.11*** (0.0002)	0.06** (0.0289)	0.06** (0.0461)
男生(1=是)	0.04*** (0.0002)	0.04*** (0.0001)	-0.09*** (0.0000)	-0.12*** (0.0000)	-0.10*** (0.0000)	-0.13*** (0.0000)
面板 B：低收入家庭的学生群体						
干预分配组与低收入家庭的学生交互项	-0.01 (0.7116)	-0.02 (0.4138)	0.04 (0.2615)	0.03 (0.3455)	0.00 (0.9678)	0.02 (0.6460)
干预分配组(1=是)	-0.05 (0.3644)	-0.60*** (0.0000)	0.09*** (0.0004)	0.13*** (0.0000)	0.07** (0.0105)	0.09*** (0.0011)
低收入学生(1=是)	0.05*** (0.0001)	0.03** (0.0370)	-0.03 (0.1552)	-0.07*** (0.0001)	-0.04** (0.0383)	-0.04** (0.0240)
面板 C：阅读能力较差群体						
干预分配组与阅读能力较差学生交互项	-0.05* (0.0743)	0.02 (0.3529)	-0.01 (0.7684)	0.01 (0.7305)	0.05* (0.0940)	0.03 (0.1804)
干预分配组(1=是)	-0.04 (0.4635)	-0.61*** (0.0000)	0.10*** (0.0001)	0.13*** (0.0000)	0.06** (0.0279)	0.08*** (0.0025)
阅读能力较差学生(1=是)	0.03* (0.0526)	0.04*** (0.0031)	-0.10*** (0.0000)	-0.09*** (0.0000)	-0.07*** (0.0001)	-0.08*** (0.0000)
面板 D：留守儿童						
干预分配组与留守儿童交互项	0.01 (0.5810)	-0.03** (0.0393)	0.02 (0.3277)	0.02 (0.2940)	0.01 (0.7172)	0.04* (0.0532)
干预分配组(1=是)	-0.06 (0.3292)	-0.59*** (0.0000)	0.09*** (0.0015)	0.12*** (0.0000)	0.07** (0.0249)	0.07*** (0.0091)

续表

	未从学校图书馆借阅过图书（1＝是）	未从班级图书角借阅过图书（1＝是）	每天至少阅读30分钟（1＝是）	与朋友谈论过阅读（1＝是）	与朋友一起阅读过（1＝是）	借阅朋友读过的图书（1＝是）
	（1）	（2）	（3）	（4）	（5）	（6）
留守儿童（1＝是）	0.01 (0.4701)	0.02** (0.0465)	0.02 (0.1435)	− 0.01 (0.2416)	− 0.02 (0.2088)	− 0.01 (0.4921)
观测值	9683	9681	9667	9609	9653	9656

注：1. 在班级层面的聚类稳健标准误显示在括号里，$***$ 表示 $p < 0.01$，$**$ 表示 $p < 0.05$，$*$ 表示 $p < 0.1$。

2. 回归群组中均控制了学生个人特征、学生家庭特征以及基线时期学生阅读行为结果变量，具体变量描述见表 6 - 1。

3. 存在样本缺失情况。

表 6 - 9　江西省班级图书角干预项目对不同特征学生群体阅读能力与学业表现的影响

	标准化阅读测试成绩	标准化语文测试成绩	标准化数学测试成绩
	（1）	（2）	（3）
面板 A：男生群体			
干预分配组与男生交互项	− 0.03 (0.4496)	− 0.02 (0.6971)	0.05 (0.2742)
干预分配组（1＝是）	0.03 (0.4790)	0.04 (0.3818)	− 0.00 (0.9741)
男生（1＝是）	− 0.10*** (0.0000)	− 0.10*** (0.0001)	0.04 (0.1028)
面板 B：低收入家庭的学生群体			
干预分配组与低收入家庭的学生交互项	− 0.07 (0.1648)	− 0.06 (0.3671)	0.06 (0.3463)
干预分配组（1＝是）	0.02 (0.4815)	0.04 (0.3368)	0.02 (0.6809)
低收入学生（1＝是）	− 0.12*** (0.0001)	− 0.02 (0.5040)	− 0.07* (0.0876)

	标准化阅读测试成绩	标准化语文测试成绩	标准化数学测试成绩
	（1）	（2）	（3）
面板 C：阅读能力较差群体			
干预分配组与阅读能力较差学生交互项	0.01 （0.7865）	0.03 （0.6514）	0.03 （0.6269）
干预分配组（1 = 是）	0.01 （0.7270）	0.03 （0.3991）	0.02 （0.7180）
阅读能力较差学生（1 = 是）	− 1.31*** （0.0000）	− 0.53*** （0.0000）	− 0.34*** （0.0000）
面板 D：留守儿童			
干预分配组与留守儿童交互项	0.05 （0.2085）	0.03 （0.4917）	0.00 （0.9327）
干预分配组（1 = 是）	− 0.01 （0.8680）	0.02 （0.7337）	0.02 （0.6200）
留守儿童（1 = 是）	0.04* （0.0953）	0.03 （0.2111）	0.03 （0.2075）
观测值	9685	4820	4851

注：1. 在班级层面的聚类稳健标准误显示在括号里，*** 表示 $p < 0.01$，** 表示 $p < 0.05$，* 表示 $p < 0.1$。

2. 回归群组中均控制了学生个人特征、学生家庭特征以及基线时期学生标准化测试成绩结果变量，具体变量描述见表 6 − 1。

3. 存在样本缺失情况。

资料来源：作者调查。

七　班级图书角干预项目影响中教师与家长的作用分析

班级图书角项目的干预结果表明，项目的实施会促进样本地区农村小学生借阅图书，也会促进样本地区小学生开展阅读，但是没有显著提高农村小学生的阅读能力，学生的阅读自信心甚至有所下降。为什么班级图书角项目的实施会产生这种干预结果？为了回答该问题，本研究试图从教师和家长角度分析班级图书角项目的实施对农村样本地区教师和家长阅读态度和阅读行为的干预影响效果。

既往文献表明，在学生发展阶段，教师和家长对学生的阅读行为有非常大的影响作用（Mullis et al.，2012），因此，本研究从农村小学生的教师和家长角度进行分析。

首先，基线调研结果发现，农村样本学生的教师和家长很少为样本学生提供课外阅读方面的指导。班级图书角干预项目主要为样本学生提供阅读书籍，没有对样本地区的教师和家长进行任何形式的干预，因此班级图书角干预项目的实施很有可能没有改变样本教师和家长的阅读态度与阅读行为。

基于此，本研究分析了班级图书角干预项目的实施，是否显著改变了样本地区农村学生的教师和家长的阅读态度。本研究采用 ITT 和 LATE 分析方法评估了班级图书角干预项目对语文教师和家长阅读态度的影响效果。分析结果如表 6 - 10 所示，无论是 ITT 分析结果还是 LATE 分析结果均表明，班级图书角干预项目的实施既没有显著地改变样本地区教师和家长关于课外阅读对学生语文学习的影响的态度，也没有显著地改变样本地区教师和家长关于课外阅读对学生数学学习的影响的态度。这一结果发现在一定程度上解释了班级图书角干预项目没有显著地改变农村样本地区学生关于阅读对语文学习的影响认知的原因。

表 6 - 10　江西省班级图书角干预项目对语文教师与家长阅读态度的影响

	语文教师认为课外阅读有正向作用		家长认为课外阅读有正向作用	
	对语文学习	对数学学习	对语文学习	对数学学习
	（1）	（2）	（3）	（4）
面板 A：ITT 干预效果				
干预分配组（1 = 是）	0.01 （0.7907）	0.04 （0.3759）	0.04 （0.1135）	0.03 （0.1197）
教师个人特征	是	是	否	否
家长个人特征	否	否	是	是

续表

	语文教师认为课外阅读有正向作用		家长认为课外阅读有正向作用	
	对语文学习	对数学学习	对语文学习	对数学学习
	（1）	（2）	（3）	（4）
学生个人特征	否	否	是	是
学生家庭特征	否	否	是	是
基线阅读态度结果变量	是	是	是	是
县虚拟变量	是	是	是	是
常数项	1.03 *** (0.0000)	0.90 *** (0.0000)	0.50 *** (0.0001)	0.38 *** (0.0050)
观测值	284	284	7327	7278
R^2	0.2329	0.2603	0.0760	0.0349

面板 B：LATE 干预效果

实际受到干预（1 = 是）	0.01 (0.7664)	0.05 (0.3187)	0.04 (0.1092)	0.03 (0.1160)
教师个人特征	是	是	否	否
家长个人特征	否	否	是	是
学生个人特征	否	否	是	是
学生家庭特征	否	否	是	是
基线阅读态度结果变量	否	否	是	是
县虚拟变量	是	是	是	是
常数项	1.03 *** (0.0000)	0.90 *** (0.0000)	0.50 *** (0.0000)	0.38 *** (0.0044)
观测值	284	284	7327	7278
R^2	0.2327	0.2615	0.0762	0.0348

注：1. 教师个人特征包括性别（1 = 男性）、教育程度（1 = 本科及以上）和教龄（以年为单位）；家长个人特征包括是否为父母（1 = 是）、教育程度（1 = 初中及以上）以及家中是否有大学生（1 = 是）；基线阅读态度结果变量包括认为课外阅读对语文学习有正向作用（1 = 是）和认为课外阅读对数学学习有正向作用（1 = 是）；学生个人特征、学生家庭特征见表 6 - 2。

2. 存在样本缺失情况。

资料来源：作者调查。

其次，我们分析了班级图书角干预项目的实施对农村样本地区教师阅读行为的影响效果。尽管班级图书角干预项目的实施没有直接改变样本地区教师的阅读态度，但是研究发现班级图书角干预项目的实施显著影响了样本地区教师鼓励学生借阅图书的行为。采用ITT和LATE方法进行的数据分析结果如表6-11所示。ITT分析结果表明，班级图书角干预项目实施一段时间后，与对照组样本学生相比，干预组样本学生整体上被教师鼓励借阅图书的可能性提高了32%。LATE评估结果与ITT评估结果一致，班级图书角干预项目的实施促使实际受到干预的干预组样本学生被教师鼓励借阅图书的可能性提高了35%。

然而班级图书角干预项目的开展并没有显著地影响样本地区教师指导学生进行阅读的行为。表6-11的结果显示，不论是ITT还是LATE分析结果均没有发现，班级图书角项目的干预显著地影响了教师在课上进行阅读指导的行为表现。造成该结果的可能原因主要有以下两个。第一，样本教师可能还没有意识到为学生提供阅读指导的重要性。基线调研数据结果已表明有很多样本教师还没有意识到课外阅读会有利于小学生的语文学习与数学学习，该情况可能成立。第二，样本教师可能没有具备为学生提供高质量课外阅读指导的能力。基于120所农村样本小学的问卷访谈反馈结果显示，84%的样本学校的教师自报告近年来没有受到关于课外阅读指导方面的专业培训。

最后，与教师阅读指导的结果一致，研究结果也没有发现班级图书角干预项目的实施显著影响了家长的阅读指导行为。ITT和LATE数据分析结果如表6-11所示。具体来看，班级图书角干预项目实施一段时间后，尽管相比对照组样本学生，干预组样本学生借阅图书和进行阅读的行为有所改变，但是样本学生家长与学生一起进行阅读的可能性没有统计意义上的显著性变化。造成该结果的原因可能是样本地区农村家长教育水平较低且缺乏对课外阅读的正确认识。

表6-11　江西省班级图书角干预项目对语文教师与家长阅读行为的影响

	语文教师从未提醒学生借阅图书	语文教师为学生提供阅读指导	学生家长与学生一起阅读
	（1）	（2）	（3）
面板 A：ITT 干预效果			
干预分配组（1 = 是）	- 0.32*** （0.0000）	0.02 （0.1048）	- 0.01 （0.7058）
学生个人特征	是	是	是
学生家庭特征	是	是	是
基线时期学生阅读行为结果变量	是	是	是
县虚拟变量	是	是	是
常数项	0.66*** （0.0000）	- 0.00 （0.9642）	0.34*** （0.0000）
观测值	9615	9682	7820
R^2	0.2003	0.2343	0.0736
面板 B：LATE 干预效果			
实际受到干预（1 = 是）	- 0.35*** （0.0000）	0.02 （0.1019）	- 0.01 （0.7040）
学生个人特征	是	是	是
学生家庭特征	是	是	是
基线时期学生阅读行为结果变量	是	是	是
县虚拟变量	是	是	是
常数项	0.69*** （0.0000）	- 0.00 （0.9852）	0.34*** （0.0000）
观测值	9615	9682	7820
R^2	0.2071	0.2355	0.0736

注：1. 在班级层面的聚类稳健标准误显示在括号里，*** 表示 $p < 0.01$，** 表示 $p < 0.05$，* 表示 $p < 0.1$。

2. 学生个人特征、学生家庭特征以及基线时期学生阅读行为结果变量见表6-1。

3. 存在样本缺失情况。

综上所述，尽管数据分析结果发现实施班级图书角干预项目后，样本教师会更多地鼓励学生借阅图书，但是教师和家长仍缺乏有关课外阅读有利于学生语文学习与数学学习的正确认识，也没有改变其阅读指导行为，为学生提供更多的阅读指导。考虑到阅读指导对小学阶段学生进行有效阅读的重要性，尤其是针对农村地区样本学生这些阅读发展水平整体相对较低的群体，我们可以在一定程度上解释为什么班级图书角项目的干预在促进学生借阅图书和开展阅读的同时却没有显著地提高学生的阅读自信心，也没有显著地提高学生的阅读能力。

第三节　贵州省阅读干预项目
——准实验方法[*]

本小节主要是介绍研究团队在贵州省开展的阅读干预项目，并探索分析不同类型阅读项目的干预对农村小学生阅读发展及其他教育产出的影响效果以及影响效果的差异性。与研究团队在江西省开展的阅读项目实验设计不同：首先，在干预方式上，在贵州省开展的阅读干预实验设计不仅是提供班级图书角干预，干预措施也更加丰富多样；其次，在贵州省开展的阅读项目干预时间相对更长，样本观测对象接受阅读项目的干预时间至少为一年。在贵州省开展阅读干预项目的研究主要针对 30 所农村学校的三至六年级小学生，采用准实验方法，评估在贵州省开展的阅读干预项目对农村样本小学生阅读能力与学业表现的影响效果，并分析不同类型阅读干预措施产生该效果的影响路径。

一　研究方案设计

本研究中，干预实验设计主要评估 2012 年在贵州省农村地区实施的三种类型的阅读干预项目。《贵州省统计年鉴（2015）》指出，

---

[*] 如果读者感兴趣，与本节相关内容可参考：Gao, Q., Wang, H., Mo, D., Shi, Y., Kenny, K., Scott, R., "Can Reading Programs Improve Reading Skills and Academic Performance in Rural China?", *China Economic Review* 52, 2018, pp. 111 – 125.

贵州省位于中国西南地区，拥有3500万人口，占全国总人口的2.6%。《中国统计年鉴（2015）》指出，贵州省2014年的人均GDP为12371元，尽管低于全国人均GDP（20167元），但仅略低于中国西部省份的人均GDP（13919元）。2014年贵州省GDP增长率为10.8%，高于同年全国7.4%的GDP增长率。除此之外，2014年贵州省失业率为3.3%，仅略低于2014年全国4.1%的失业率。

本研究的样本聚焦于贵州省的一个市，研究发现在许多社会经济指标上，样本市的基本情况与全国整体平均水平相一致。根据《中国统计年鉴（2015）》和《贵州省统计年鉴（2015）》的数据，2014年，样本地区的人均净收入为9788元，高于中国西部农村地区8295元的人均净收入，略低于全国农村地区10489元的人均净收入。此外，2014年样本地区小学生的净入学率为99.9%，与全国99.8%的净入学率比较一致。总体而言，以上统计数据表明样本地区的平均状况可以在一定程度上代表中国农村地区的整体平均水平。

在贵州省开展的研究的样本抽样过程大致包含两大步骤（见图6-2）。由于在贵州省开展的阅读项目属于干预事后评估，为抽取样本学校，研究团队需确定已实施阅读干预项目的样本县。从样本县的教育局获取了正在实施阅读干预项目的15个乡镇的73所农村小学的学校名单，因此，本研究首先将这些学校纳入总体干预学校样本框中。其次，为选取纳入总体样本框的对照组学校样本，考虑到相邻县有相似的经济、文化和地理特征，因此研究团队从干预学校相邻的两个县获取了没有实施任何阅读干预项目的学校名单。这两个邻县所有农村学校均被纳入总体对照组的学校样本框中。

在确定了干预组和对照组的总体样本框后，研究团队通过以下步骤抽取样本学校。首先，从干预样本框15个样本乡镇的每个乡镇内随机抽取一个学校作为干预组样本学校。其次，在干预组学校内调查三至六年级的小学生。在样本年级内，每年级共抽取最多2个班级作为样本班级。在研究调查的样本学校内，大部分样本学校的每个年级只有一个或两个班级，因此在样本年级内不超过两个班级时则将所有班级作为样本班级。如果某个年级有两个以上班级，则随机抽取两个班级作为样本班级。确定样本班级后，则将样本班级内的所有样本学生均作为样本观测对象。按照此原则进行抽样并结合相关观测变量收集情况，本研究共选取 15 个学校 79 个班级的2533 名样本学生纳入阅读干预组中。在确定干预组样本学校和样本学生后，从对照组样本框中采用倾向得分匹配法选取了 15 所学校作为最终对照组学校。通过干预组学校和对照组学校平衡性检验发现，如表 6－12 所示，在样本学校的学校层面特征变量（如师生比、学校占地面积、学校师资特征等关键变量）上，干预组学校和对照组学校没有统计意义上的显著性差异，通过了统计意义上的平衡性检验。确定对照组样本学校后，在每所对照组学校内，我们仍采用和干预组学校一致的抽样步骤抽取样本班级和样本学生。最后，总计有 15 所对照组学校的 49 个班级的 1575 名学生作为对照组样本。通过对学生个人特征、家庭特征和教师特征变量进行平衡性统计检验，如表 6－13 所示，干预组和对照组样本学生在调查收集的可观察变量上通过了统计平衡检验，没有统计意义上的显著性差异。

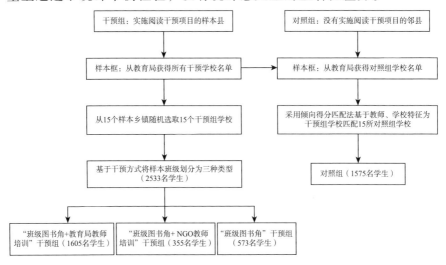

图 6－2　贵州省研究样本框抽样过程

表 6-12　平衡性检验贵州省干预组与对照组学校特征变量

变量	对照组学校	干预组学校	干预组与对照组差值	P 值[a]
	均值（标准差）	均值（标准差）		
师生比（1 = 高于平均值）	0.59 (0.49)	0.49 (0.50)	-0.10 (0.25)	0.676
学校占地面积（1 = 大于平均值）	0.60 (0.49)	0.33 (0.47)	-0.27 (0.24)	0.267
与乡镇政府的距离（1 = 超过1千米）	0.41 (0.49)	0.68 (0.47)	0.27 (0.25)	0.280
拥有本科学历的教师数量（1 = 超过18位）	0.15 (0.36)	0.16 (0.37)	0.02 (0.20)	0.939
语文教师数量（1 = 超过12位教师）	0.49 (0.50)	0.48 (0.50)	-0.01 (0.25)	0.965
校长本科毕业（1 = 是）	0.29 (0.45)	0.32 (0.47)	0.03 (0.22)	0.877
校长教授科目（1 = 语文）	0.58 (0.49)	0.52 (0.50)	-0.06 (0.25)	0.809

注：1. 干预组共 2533 名学生，对照组共 1575 名学生。

2. [a]指为了检验干预组学校和对照组学校之间的平衡，我们对学校和教师的特征进行了回归分析。例如，师生比 = a_i × 干预组学校，然后我们检验所有控制变量的系数 a_i 是否为 0，从而得到 P 值。

资料来源：作者调查。

表 6-13　平衡性检验贵州省干预组与对照组学生个人、
家庭和教师特征变量

变量	对照组	干预组	干预组与对照组差值	P 值[a]
	均值（标准差）	均值（标准差）		
性别（1 = 女）	0.49 (0.50)	0.48 (0.50)	-0.01 (0.02)	0.457
母亲主要在家（1 = 是）	0.51 (0.50)	0.51 (0.50)	0.00 (0.05)	0.930

续表

变量	对照组	干预组	干预组与对照组差值	P 值[a]
	均值（标准差）	均值（标准差）		
父亲主要在家（1 = 是）	0.40（0.49）	0.44（0.50）	0.03（0.04）	0.377
母亲小学毕业（1 = 是）	0.26（0.44）	0.28（0.45）	0.01（0.04）	0.722
父亲小学毕业（1 = 是）	0.47（0.50）	0.45（0.50）	− 0.02（0.04）	0.578
家里图书数量（1 = 超过 10 本）	0.43（0.50）	0.39（0.49）	− 0.04（0.04）	0.277
家里儿童读物的数量（1 = 超过 10 本）	0.30（0.46）	0.27（0.44）	− 0.03（0.02）	0.164
语文教师的性别（1 = 女）	0.63（0.48）	0.44（0.50）	− 0.19（0.17）	0.282
语文教师本科毕业（1 = 是）	0.43（0.50）	0.36（0.48）	− 0.07（0.09）	0.427
学校规模（1 = 大于平均值）	0.60（0.49）	0.33（0.47）	− 0.27（0.24）	0.267

注：1. 干预组共 2533 名学生，对照组共 1575 名学生。

2. [a] 指为了检验干预组学校和对照组学校之间的平衡，我们对学校和教师的特征进行了回归分析。例如，性别 = a_i × 干预组学校，然后我们检验所有控制变量的系数 a_i 是否为 0，从而得到 P 值。

资料来源：作者调查。

（一）干预和实施

在贵州省阅读项目中，本研究主要评估了三种类型的阅读干预方式（见图 6 – 2），即"班级图书角"干预、"班级图书角 + NGO 教师培训"干预和"班级图书角 + 教育局教师培训"干预。由于干预方式是按照近似随机抽样方式选取的，因此在统计平衡性检验中可发现，阅读项目中三类干预组的样本学生和对照组样本学生在学生个人特征、家庭特征和教师特征可观测变量上没有存在统计意义上的显著性差异，通过了统计平衡性检验（见表 6-14）。在贵州省阅读项目中，三类阅读干预方式的具体实施方式介绍如下。

阅读项目的第一种干预方式，即"班级图书角"干预，主要为样本小学的干预班级提供班级图书角。该干预方式与江西省阅读项目开展的阅读干预方式一致，主要为样本学生提供适合学生阅读的图书资源。具体来说，在干预组每个样本班级内均会配置图书角书架，在图书角书架上总共会配置 70 本课外书。这些课外书的内容不涉及学校所教授的课本知识及课后辅导知识，主要包括文学书、漫画书、自然科学类课外书等。这些课外书既考虑了样本学生的年龄阶段和阅读发展水平，同时也保证了图书的趣味性。在第一种干预方式中，纳入的样本总共包含了 27 个班级的 573 名农村样本小学生。

阅读项目的第二种干预方式，即"班级图书角+教育局教师培训"干预，除为样本农村小学生配备班级图书角阅读资源外，也为样本学生的班级教师提供额外的阅读培训，且阅读培训主要由教育局组织开展。在该种干预方案中，为学生配置的班级图书角资源与第一种干预方式完全相同。在教育局组织的阅读培训中，主要培训样本教师如何更好地开展语文课上的阅读教学工作，帮助学生更高效地学习语文阅读知识。教育局组织的阅读培训内容具体包括：培训并指导样本教师如何有感情地阅读、如何分析主旨句、如何讲解重点词汇和如何进行文章总结。这也意味着，教育局组织的教师培训主要进行阅读技巧方面的教学讲解，不关注整体阅读实践。总共有 43 个样本班级的 43 名班级教师（主要是班级内的阅读教师或语文教师）参加了教育局组织的教师培训，即这些样本班级的学生不仅接受了阅读图书资源，其班级教师也接受了阅读指导培训。因此，来自上述 43 个样本班级的 1605 名农村样本小学生接受了"班级图书角+教育局教师培训"的干预方案。

第三种阅读项目干预方式，即"班级图书角+NGO 教师培训"

干预，除为样本小学生配置班级图书角阅读资源外，还为样本学生的班级教师提供教师培训，但教师培训是由 NGO 组织和开展的阅读培训。不同于教育局组织的教师阅读培训，NGO 组织的教师阅读培训主要培训样本班级的教师（主要是班级内的阅读教师或语文教师）如何指导学生进行课外阅读，教授的阅读书籍指导不聚焦和局限于课堂上使用的课本。阅读培训的内容主要是讲解课外阅读如何促进学生阅读能力的发展，指导教师如何鼓励学生开展阅读，如何改变学生的阅读态度和行为。另外，NGO 开展的教师培训也讲解了哪些图书类型适合儿童阅读，教师应组织何种类型的阅读活动促进学生阅读。共计 9 个样本班级的班级教师参加了 NGO 组织的阅读培训。因此，在"班级图书角 + NGO 教师培训"干预组中，共计约有 9 个班级的 355 名样本学生。

（二）数据收集

2015 年 5 月，项目组调查收集了干预组和对照组学校的样本学生和样本教师信息。问卷调查内容与江西省阅读干预项目调查内容一致，具体而言，问卷调查内容主要包含四个部分。阅卷调查的第一部分，对样本学生进行标准化阅读测试和标准化学业测试（数学测试成绩或语文测试成绩），了解学生的阅读发展状况和学业表现。为此，和江西省标准化测试一致，所有样本学生均参加了标准化阅读测试，随机抽取一部分样本学生参加标准化数学测试，另一部分学生参加标准化语文测试，即一部分样本学生参加了标准化阅读测试和标准化语文测试，另一部分样本学生参考了标准化阅读测试和标准化数学测试。结合样本学生的原始测试成绩得分，按照年级分布进行了标准化换算，得到样本学生的标准化测试成绩。

问卷调查的第二部分，项目组仍聚焦于收集样本学生的阅读行为、阅读态度、图书可及性、在校获得的阅读指导和教师给予的阅读支持与阅读鼓励等关键信息。收集信息的具体问题包括：学生的阅读时长（学生每天阅读时间是否超过 30 分钟）、阅读认知（学生

表 6-14 平衡性检验对照组和三类干预组间的控制变量

变量	(1) 对照组 均值（标准差）	(2) "班级图书角" 干预组 均值（标准差）	(3) "班级图书角+教育局教师培训" 干预组 均值（标准差）	(4) "班级图书角+NGO教师培训" 干预组 均值（标准差）	(5) （2）与（1）的差异	(6) （3）与（1）的差异	(7) （4）与（1）的差异	(8) F检验的P值
性别（1＝女）	0.49 (0.50)	0.47 (0.50)	0.49 (0.50)	0.48 (0.50)	-0.01 (0.01)	-0.00 (0.01)	-0.01 (0.04)	0.648
年龄（1＝超过平均值）	0.47 (0.50)	0.40 (0.49)	0.55 (0.50)	0.60 (0.49)	-0.02 (0.04)	0.04 (0.05)	0.13 (0.18)	0.452
母亲主要在家（1＝是）	0.51 (0.50)	0.46 (0.50)	0.53 (0.50)	0.53 (0.50)	-0.02 (0.01)	0.01 (0.02)	0.02 (0.07)	0.206
父亲主要在家（1＝是）	0.40 (0.49)	0.44 (0.50)	0.44 (0.50)	0.43 (0.50)	0.01 (0.01)	0.02 (0.02)	0.03 (0.04)	0.515
母亲小学毕业（1＝是）	0.26 (0.44)	0.25 (0.44)	0.28 (0.45)	0.31 (0.46)	-0.00 (0.01)	0.01 (0.01)	0.05 (0.06)	0.804
父亲小学毕业（1＝是）	0.47 (0.50)	0.38 (0.49)	0.46 (0.50)	0.51 (0.50)	-0.03 (0.01)	-0.01 (0.01)	0.04 (0.05)	0.137

续表

变量	对照组 均值（标准差）(1)	"班级图书角"干预组 均值（标准差）(2)	"班级图书角+教师培训"干预组 均值（标准差）(3)	"班级图书角+NGO教师培训"干预组 均值（标准差）(4)	(2)与(1)的差异 (5)	(3)与(1)的差异 (6)	(4)与(1)的差异 (7)	F检验的P值 (8)
家中图书数量（1=超过10本）	0.43 (0.50)	0.34 (0.47)	0.40 (0.49)	0.41 (0.49)	-0.03 (0.01)	-0.01 (0.01)	-0.02 (0.05)	0.122
家中儿童读物数量（1=超过10本）	0.30 (0.46)	0.23 (0.42)	0.28 (0.45)	0.29 (0.46)	-0.03 (0.01)	-0.01 (0.01)	-0.01 (0.03)	0.198
语文教师的性别（1=女）	0.63 (0.48)	0.30 (0.46)	0.47 (0.50)	0.51 (0.50)	-0.11 (0.04)	-0.08 (0.06)	-0.12 (0.20)	0.106
语文教师本科毕业（1=是）	0.43 (0.50)	0.41 (0.49)	0.31 (0.47)	0.48 (0.50)	-0.01 (0.05)	-0.06 (0.06)	0.05 (0.20)	0.693
学校规模（1=大于平均值）	0.60 (0.49)	0.39 (0.49)	0.31 (0.46)	0.30 (0.46)	-0.07 (0.05)	-0.14 (0.06)	-0.30 (0.20)	0.064

资料来源：作者调查。

是否认为课外阅读有利于其数学学习、是否认为课外阅读有利于其
语文学习）、学校阅读资源（学校是否有图书馆、学生是否可以从学
校图书馆借到感兴趣的图书）、学生在校阅读行为（学生是否平均每
周从学校图书馆借书）、家庭阅读资源（学生家里是否有课外书、学
生家长是否为学生买课外书）及在校阅读指导（学生在学校是否接
受过阅读指导培训、教师是否平均每周会鼓励学生借阅图书）。在学
生阅读态度方面，本研究仍收集了学生的阅读自信心和阅读兴趣方
面的信息，阅读自信心和阅读兴趣的测量问卷均借鉴 PIRLS 量表问
题进行设计。

问卷调查的第三部分，项目组主要收集了学生的个人特征和家
庭特征相关信息。问卷具体收集的问题指标主要包括学生性别、学
生年龄、学生父母外出务工情况（父母是否大部分时间住在家里）、
学生父母的受教育程度（父母是否小学毕业）、学生家里的图书量
（学生家里是否有 10 本以上图书、学生家里是否有 10 本以上儿童读
物）。该部分问题的收集主要作为文章分析的控制变量信息。

问卷调查的第四部分，项目组主要收集了样本教师和样本学校
的相关信息。调查内容具体收集了语文教师对阅读的态度，包括语
文教师是否认为课外阅读对学生数学学习有正向影响以及语文教师
是否认为课外阅读对学生数学学习有负向影响。此外，调查还收集
了教师和学校的特征变量作为控制分析变量。调查的问题主要包括
语文教师的性别和受教育程度（教师是否本科毕业）。项目组还从学
校校长访谈中收集了学校的规模信息，即学校占地面积（平方米）。

（三）计量模型

考虑到贵州省阅读项目中有三种类型的阅读干预方式，本研究
探究了不同类型的阅读干预方式是否对提高样本农村小学生的阅读
能力与学业表现均有显著性影响效果。为识别不同类型的阅读干预
方式对提高小学生阅读能力与学业表现的具体影响效果，本研究采
用了多元线性回归最小二乘分析模型（OLS 回归模型）。OLS 回归模

型通过控制一系列的特征信息变量，减少了选择性偏误和内生性问题。本研究采用式（6－4）估计了贵州省阅读干预方案实施的效果。

$$Y_{ijc} = \alpha + \beta' P_c + \gamma' X_{ijc} + E_{ijc} \tag{6－4}$$

Y_{ijc} 代表来自学校 j 班级 c 的学生 i 的标准化测试成绩，包含阅读测试成绩、语文测试成绩和数学测试成绩。P_c 表示一系列变量，代表三种类型的阅读干预方式，即"班级图书角"干预虚拟变量、"班级图书角 + 教育局教师培训"干预虚拟变量和"班级图书角 + NGO 教师培训"干预虚拟变量。例如："班级图书角"干预虚拟变量，取值为 1 时，表示样本学生只接受了班级图书角的干预方式；取值为 0 时，表示样本学生没有接受班级图书角的干预方式。X_{ijc} 为一组协变量，用于控制样本学生、家长、教师和学校特征变量对结果变量的干扰效果，具体协变量描述如表 6－15 所示。在回归模型中，我们也调整了班级层面的聚类标准误。

表 6－15　贵州省样本地区基本特征描述

变量	均值	标准差
学生个人及家庭特征（$n = 4108$）		
性别（1 = 女）	0.49	0.50
年龄（1 = 大于平均值）	0.50	0.50
母亲主要在家（1 = 是）	0.51	0.51
父亲主要在家（1 = 是）	0.42	0.49
母亲小学毕业（1 = 是）	0.27	0.45
父亲小学毕业（1 = 是）	0.45	0.50
家庭图书数量（1 = 超过 10 本）	0.40	0.49
家庭儿童读物数量（1 = 超过 10 本）	0.28	0.45
教师特征（$n = 128$）		
语文教师性别（1 = 女）	0.51	0.50

变量	均值	标准差
语文教师本科毕业（1＝是）	0.39	0.49
学校特征（$n = 30$）		
学校占地面积（1＝大于平均值）	0.43	0.50

资料来源：作者调查。

为进行稳健性检验，在回归分析中我们也尝试加入学校固定效应变量，控制学校层面与干预方式和变量相关的潜在影响因素，更加有效地识别阅读干预方式实施的影响效果。在贵州省阅读项目中，在一些样本学校内实施了两种不同类型的阅读干预方式，即在同一所样本学校内不同样本班级分别实施了"班级图书角＋教育局教师培训"干预和"班级图书角＋NGO 教师培训"干预，因此控制学校层面的固定效应变量可以排除学校层面的不可观测因素，以便更好地区分两种阅读干预方式的实施效果。加入学校层面的固定效应变量后，P_c 取值为 1 时，代表样本班级仅接受了"班级图书角＋NGO教师培训"干预方式；取值为 0 时，代表样本班级仅接受了"班级图书角＋教育局教师培训"干预方式。

另一种矫正相关因素干扰的方法是倾向得分匹配法。主要思路是构建 Logit 模型，将样本学生的个人特征、家庭特征、教师特征和学校特征关键变量作为自变量（变量描述见表 6 – 15），计算样本学生接受干预的条件概率，即倾向得分值。在文章分析中，倾向得分匹配法主要使用最邻近匹配方法，保证每个干预单位与对照单位在倾向得分上最相似。此外，该方法也可以进一步检验 OLS 回归估计结果的稳健性。

（四）统计平衡性检验

为确保贵州省阅读项目中各干预组和对照组的统计平衡性，本研究检验了阅读项目中干预组和对照组样本学生在可观测变量上的统计平衡性。如表 6 – 13 所示，干预组和对照组在学生个人特征、学生家庭特征上没有统计意义上的显著性差异。在教师和学校特征变量方面，干预组样本学生和对照组样本学生没有统计意义上的显著性差异。将干预组样本学生划分为不同干预方式的样本学生后，我们可以发现干预组各组样本学生和对照组样本学生在可观测核心变量上没有统计意义上的显著性差异（见表 6－14）。以上分析结果表明，利用倾向得分匹配法构造了干预组样本较好的"反事实"对照组，因此可以利用不同干预组间的差异性更加准确地评估阅读干预项目的有效性。

二　不同干预方案对农村地区样本学生的阅读能力与学业表现的影响

本部分主要探讨分析，贵州省实施的阅读项目中三种不同的阅读干预方案是否能够有效地提升农村地区样本小学生的阅读能力与学业表现，以及何种形式的干预方案对提升样本小学生的阅读能力与学业表现更加有效。贵州省阅读项目的数据分析结果如表 6－16 所示。数据分析结果表明，与对照组样本小学生相比，"班级图书角"干预组样本小学生的阅读成绩没有得到统计意义上的显著性提高。与之相似，尽管接受"班级图书角＋教育局教师培训"干预的样本小学生的标准化阅读测试成绩高于对照组样本小学生的标准化阅读测试成绩，但是两组样本学生的平均成绩在统计意义上没有显著性差异。

尽管"班级图书角"干预和"班级图书角＋教育局教师培训"干预对提升农村地区样本学生的阅读表现没有显著性影响，但是研究结果发现当样本班级接受"班级图书角＋NGO 教师培训"干预时，样本学生的阅读测试成绩明显提高。具体而言，"班级图书角＋NGO 教师培训"干预组样本学生的阅读测试成绩与对照组样本学生的阅读测试成绩相比，提高了 0.61 个标准差（显著性在 1% 水平下）。

令人遗憾的是，由于研究设计的局限性，本研究不能系统地梳理出"班级图书角+NGO教师培训"干预比其他两种类型的干预方案更为有效的机理机制。但可以肯定的是，NGO组织的教师阅读培训的某些特有因素造成了上述分析结果的显著性差异。正如上文对干预方案的具体介绍，不同于教育局开展的教师阅读培训项目，NGO组织的教师阅读培训主要侧重于培训样本教师正确认识课外阅读的重要性，指导样本教师如何促进学生开展课外阅读（如提供适合学生年龄段的阅读资源、组织开展班级课外阅读活动等）。而贵州省阅读项目中的其他两种阅读干预方案，要么不提供教师培训，要么提供的教师培训侧重于教授语文考试中的教学方法。

本研究还进一步在控制学校固定效应变量后进行了稳健性检验分析。具体来讲，将学校固定效应变量控制后，本研究比较了"班级图书角+教育局教师培训"干预和"班级图书角+NGO教师培训"两种干预方式对农村样本小学生阅读表现的影响效果。研究结果发现，接受"班级图书角+NGO教师培训"干预的样本学生，比接受"班级图书角+教育局教师培训"干预的样本学生，其标准化阅读测试成绩明显提高了0.43个标准差（显著性在1%水平下）。该分析结果接近于没有控制学校固定效应变量时发现的干预效果差异性（显著性在1%水平下提高了0.52个标准差）。换而言之，OLS回归分析结果通过了稳定性分析检验。

除分析各类阅读干预方案对样本学生阅读能力的影响效果外，本研究也进一步分析了阅读项目的各类干预方案对学生学业表现的影响效果。贵州省阅读干预项目的分析结果如表6-16所示。数据分析结果表明，"班级图书角"干预措施和"班级图书角+教育局教师培训"干预措施对学生标准化数学测试成绩没有统计意义上的显著性影响效果。但是值得注意的是，尽管"班级图书角"干预措施和"班级图书角+教育局教师培训"干预措施没有发现显著性的正向影响效果，但是也没有发现干预措施对学生标准化数学测试成绩产生显著的负向影响效果。该分析结果也进一步证实了开展课外阅读不会不利于样本地区农村小学生的数学学习。

尽管上述两种阅读干预方案没有发现干预效果带来数学测试成绩的差异性变化，但是本研究发现"班级图书角＋NGO教师培训"干预方案的实施显著地提高了样本地区农村小学生的数学测试成绩。与对照组样本小学生相比，干预组样本小学生的数学测试成绩提高了0.35个标准差（显著性在1％水平下）。另外，比较"班级图书角＋教育局教师培训"干预方式和"班级图书角＋NGO教师培训"干预方式，我们发现无论是否控制学校固定效应变量，研究数据分析结果一致，无较大差异性变化。如表6－16所示，当不加入学校固定效应变量时，"班级图书角＋教育局教师培训"干预方式和"班级图书角＋NGO教师培训"干预方式带来的干预效果存在显著性差异，学生标准化数学测试成绩存在0.37个标准差的差异性（显著性在1％水平下）。控制学校固定效应变量后，"班级图书角＋教育局教师培训"干预方式和"班级图书角＋NGO教师培训"干预方式，在标准化数学测试成绩的差异性存在0.34个标准差（显著性在1％水平下）。

本研究数据也进一步发现，"班级图书角＋NGO教师培训"干预方案对提升样本地区农村小学生语文测试成绩有正向影响效果（见表6－16）。具体来看，与对照组样本小学生相比，接受"班级图书角＋NGO教师培训"干预方案的样本小学生，其标准化语文测试成绩显著性地提高了0.29个标准差（显著性在5％水平下）。当控制学校固定效应变量后，与接受"班级图书角＋教育局教师培训"干预方案的样本学生相比，接受"班级图书角＋NGO教师培训"干预方案的样本学生标准化语文测试成绩显著地提高了0.57个标准差（显著性在1％水平下）。

表 6 – 16　OLS 方法分析干预方案对学生阅读能力与学业表现的影响

因变量	标准化阅读 测试成绩		标准化数学 测试成绩		标准化语文 测试成绩	
	(1)[a]	(2)	(3)[a]	(4)	(5)[a]	(6)
"班级图书角" 干预（1 = 是）	– 0.09 (0.10)		– 0.03 (0.10)		– 0.20 (0.12)	
"班级图书角 + 教育局教师培训" 干预 （1 = 是）	0.09 (0.07)		– 0.02 (0.07)		– 0.04 (0.09)	
"班级图书角 + NGO 教师培训" 干预 （1 = 是）	0.61*** (0.10)	0.43*** (0.07)	0.35*** (0.13)	0.34*** (0.10)	0.29** (0.13)	0.57*** (0.10)
学生和家庭特征	是	是	是	是	是	是
教师特征	是	是	是	是	是	是
学校特征	是	是	是	是	是	是
学校虚拟变量	否	是	否	是	否	是
常数	– 0.61*** (0.11)	– 0.57*** (0.08)	– 0.39*** (0.10)	– 0.36** (0.15)	– 0.56*** (0.16)	– 0.87*** (0.14)
观测值	4108	1960	2604	1286	1504	674
R^2	0.109	0.170	0.097	0.150	0.122	0.198

注：1. 在班级层面的聚类稳健标准误显示在括号里，＊＊＊表示 $p < 0.01$，＊＊表示 $p < 0.05$，＊表示 $p < 0.1$。

2. 研究分析三种干预方式对学生阅读能力和学业表现（标准化阅读测试成绩、标准化数学测试成绩和标准化语文测试成绩）的影响，并控制了表 6 – 16 中的变量。

3. [a]表示所有样本学生都参加了标准化阅读测试（4108 名），然后学生随机被分配参加标准化数学测试或语文测试，其中参加标准化数学测试的有 2604 名学生，参加标准化语文测试的有 1504 名学生。

资料来源：作者调查。

　　研究进一步采用倾向得分匹配法评估不同阅读干预方式产生的影响效果。如表 6 – 17 所示，倾向得分匹配法分析结果，与 OLS 回归结果以及控制学校固定效应变量的数据分析结果几乎一致。倾向得分匹配法的分析结果表明，给样本班级学生提供班级图书角阅读资源并为其教师提供 NGO 培训，整体而言，可以显著地提高样本学生标准化阅读测试成绩 0.62 个标准差（显著性在 1% 水平下）。与此同时，接受"班级图书角 + NGO 教师培训"干预方案的学生，与对照组样本学生相比，显著提高了 0.35 个标准差的数学成绩（显著性在 1% 水平下），显著提高了 0.37 个标准差的语文成绩（显著性在 10% 水平下）。与 OLS 回归分析结果一致，接受"班级图书角"干预方案或者"班级图书角 + 教育局教师培训"干预方案，对样本地区小学生标准化阅读测试成绩和学业表现没有产生统计意义上的显著性影响效果。

表 6 – 17　PSM 方法分析干预方案对学生阅读能力与学业表现的影响

干预类型	ATT 效果		
	标准化阅读测试成绩	标准化数学测试成绩	标准化语文测试成绩
"班级图书角"干预	− 0.15 (0.09)	− 0.03 (0.11)	− 0.16 (0.15)
"班级图书角 + 教育局教师培训"干预	0.05 (0.07)	0.05 (0.08)	− 0.03 (0.10)
"班级图书角 + NGO 教师培训"干预	0.62 *** (0.11)	0.35 *** (0.12)	0.37 * (0.19)

注：1. 研究将三个干预组与对照组进行对比，研究的样本量与 OLS 回归的样本数量一致。

2. 所有样本学生都参加了标准化阅读测试（4108 名），但是只参加数学或语文测试中的一门，其中 2604 名样本学生参加了标准化数学测试，1504 名学生参加了标准化语文测试。

3. 对照组共 1575 名学生，其中 988 名学生参加了标准化数学测试，587 名学生参加了标准化语文测试。

4. "班级图书角"干预组共 573 名学生，其中 330 名学生参加了标准化数学测试，243 名学生参加了标准化语文测试。

5. "班级图书角 + 教育局教师培训"干预组 1605 名学生，其中 1005 名学生参加了标准化数学测试，600 名学生参加了标准化语文测试。

6. "班级图书角 + NGO 教师培训"干预组共 355 名学生，其中 281 名学生参加了标准化数学测试，74 名学生参加了标准化语文测试。

7. 在班级层面的聚类稳健标准误显示在括号里，＊＊＊表示 $p < 0.01$，＊＊表示 $p < 0.05$，＊表示 $p < 0.1$。

资料来源：作者调查。

　　本研究中的上述数据分析结果表明，如果合理有效地实施阅读干预方案，不仅可以提高农村小学生的阅读成绩，还会进一步提高农村小学生的数学成绩和语文成绩，有助于农村小学生的阅读发展和学业产出。一种可能的假设是，由于农村样本地区不经常指导学生阅读和培养学生阅读技能，学校图书馆阅读资源也不能经常得到开放使用，阻碍了学生阅读能力的发展，因此学生的学业表现也受到一定程度的影响，学业表现相对较差。这些结果发现与已有文献研究结果较为一致，即阅读指导干预措施可以显著地提升学生的阅读能力和学生的学业表现（Topping et al.，2007；Friedlander and Goldenberg，2016）。比如，Lucas 等（2014）发现，提供教师阅读培训并配备相应的阅读指导材料，显著地提高了乌干达学生的书面表达和口头表达能力。

尽管学生阅读能力的提高有助于其语文成绩的提高的机制比较易于理解，但学生阅读能力提高后，如何促进其数学成绩的提高似乎不那么简洁明了。拥有较好阅读能力的学生，会促进其词汇量的增加和阅读理解力的提高，因此有利于学生学习语文知识，其语文测试成绩将得到提高。尽管学生阅读能力发展和其数学成绩提高的相关关系缺乏非常明晰的断定，但现有研究表明学生阅读能力的提高有助于促进其数学能力的提升（Thurber et al.，2002；Jordan et al.，2003；Rutherford-Becker and Vanderwood，2009）。事实上，文献研究揭示了学生的阅读能力发展和批判思维能力发展有密不可分的联系。更简明的一个原因是，学生阅读能力的提高有利于其进行高质量的阅读，最起码有利于学生理解那些曾经较为"困难的词汇"。

三　阅读干预方案有效性的作用机制分析

本部分探索分析不同阅读干预方案的教师培训为何会对样本地区农村小学生的阅读能力和学业表现的影响结果具有显著性差异。换言之，本研究试图回答为什么"班级图书角 + NGO 教师培训"干预方案显著地提高了学生的标准化阅读测试成绩及学业测试成绩，而"班级图书角 + 教育局教师培训"干预方案没有对结果变量产生显著性影响效果。为此，本研究试图分析不同阅读干预方案是否通过影响学生的阅读行为和教师的阅读指导实践，使结果产出有了显著性差异？也就是说，我们怀疑不同的阅读干预方案可能对学生的阅读行为和教师的阅读指导实践产生了差异性变化，从而导致了学生在提高阅读能力和改善学业表现方面具有显著性差异。

数据结果表明，无论是"班级图书角 + 教育局教师培训"干预方式还是"班级图书角 + NGO 教师培训"干预方式，与对照组样本学生相比，这两组样本学生的阅读行为均有明显变化。具体数据分析结果如表 6 - 18 所示。与对照组样本学生相比，"班级图书角 + 教育局教师培训"干预组样本学生、"班级图书角 + NGO 教师培训"干预组样本学生在每天至少阅读 30 分钟的可能性上有明显的提高（显著性在 1% 水平下）。此外，在阅读干预的影响下，与对照组样本学生相比，接受这两种干预方式的样本学生从学校借阅图书的比例也有了明显提高（显著性在 1% 水平下）。

尽管"班级图书角 + 教育局教师培训"和"班级图书角 + NGO 教师培训"两种干预方案均显著地改变了学生的阅读行为，但是研究发现，与"班级图书角 + 教育局教师培训"干预方案相比，"班级图书角 + NGO 教师培训"干预方案显著地影响了教师的阅读指导实践以及改变了教师对阅读的态度。这可能是两种干预方案对学生阅读能力和学业表现的影响结果产生差异性的主要原因。基于样本数据分析结果，我们发现两种干预方案的结果差异主要是由教育局开展的教师培训和 NGO 开展的教师培训产生的干预差异造成的。

具体而言，如上文所示，NGO 在开展教师培训时更侧重于强调课外阅读的重要性，鼓励学生进行课外阅读，并讲解如何为学生提供课外阅读指导。与对照组样本学生相比，接受 NGO 培训干预方案的样本学生更有可能在学校受到阅读指导，回归相关系数为 0.36 个标准差且显著性在 1% 水平下。然而，接受了教育局培训干预方案的样本学生，与对照组样本学生整体相比，在获得教师的阅读指导上仅存在 0.1 个标准差的差异，且结果差异不具有统计意义上的显著性。

除此之外，接受"班级图书角 + NGO 教师培训"干预方案的样本语文教师比对照组样本语文教师认为阅读有利于学生数学学习的比例高出 0.36 个标准差（显著性在 1% 水平下）。但是，在该项指标上，接受"班级图书角 + 教育局教师培训"的样本语文教师仅比对照组样本语文教师仅高出 0.12 个标准差且不具有统计意义上的显著性差异。因此，研究数据表明两种不同类型的培训方案导致了样本班级语文教师对学生课外阅读的态度存在统计意义上的显著性差异（显著性在 5% 水平下）。

表 6 - 18　OLS 方法分析干预方案对学生阅读行为和教师阅读态度的影响

因变量	学生每天至少阅读30 分钟（1 = 是）	上学期学生每周从学校借书（1 = 是）	教师每周鼓励学生从学校借书（1 = 是）	学生在校接受阅读指导（1 = 是）	语文教师认为阅读对学生数学成绩有积极影响（1 = 是）
	（1）	（2）	（3）	（4）	（5）
"班级图书角 + 教育局教师培训"干预（1 = 是）	0.21***（0.05）	0.20***（0.06）	0.21***（0.05）	0.10（0.06）	0.12（0.11）
"班级图书角 + NGO教师培训"干预（1 = 是）	0.17***（0.06）	0.18**（0.08）	0.20**（0.08）	0.36***（0.12）	0.36***（0.10）
学生和家庭特征	是	是	是	是	是
教师特征	是	是	是	是	是
学校特征	是	是	是	是	是
班级虚拟变量	是	是	是	是	是

因变量	学生每天至少阅读30分钟（1＝是）	上学期学生每周从学校借书（1＝是）	教师每周鼓励学生从学校借书（1＝是）	学生在校接受阅读指导（1＝是）	语文教师认为阅读对学生数学成绩有积极影响（1＝是）
	（1）	（2）	（3）	（4）	（5）
常数	0.38***	0.66***	0.27***	0.03	0.54***
	(0.07)	(0.09)	(0.08)	(0.06)	(0.14)
观测值	3535	3535	3535	3535	3535
R^2	0.112	0.129	0.476	0.178	0.096
P 值的系数［1］＝［2］	0.450	0.848	0.971	0.037	0.007

注：1. 在班级层面的聚类稳健标准误显示在括号里，*** 表示 $p<0.01$，** 表示 $p<0.05$，* 表示 $p<0.1$。

2. 我们将"班级图书角＋教育局教师培训"干预组、"班级图书角＋NGO 教师培训"干预组与对照组进行了对比（样本总数为 3535 名学生），并且控制了表 6－15 中显示的相同协变量。

资料来源：作者调查。

上述研究结果揭示了在小学阶段，尤其是针对我国农村地区小学生，教师的阅读指导和教师的阅读态度，对提高学生阅读能力和学业表现具有十分重要的作用。教师阅读指导可以通过提高学生的阅读理解能力，进而提升学生的阅读能力（Committee on the Prevention of Reading Difficulties in Young Children，1998；Foorman et al.，1998）。学生阅读理解能力的提升，可能促进学生更有效地进行阅读，更有可能提高他们的阅读能力。教师对于阅读重要性的认同感也同样会影响学生的阅读行为（Richardson，1996；van Uden et al.，2014）。研究数据表明，如果教师支持课外阅读并且把他们的阅读态度渗透到教学中来，会促使学生更加积极地进行阅读。学生通过认真仔细的阅读方式，而不仅仅是快速阅读或者主要看图画的方式，会提高其阅读的效率（Wigfield and Guthrie，1997；Foorman et al.，1998）。基于这些原因，我们认为"班级图书角＋NGO 教师培训"

干预方案能够通过改变教师对阅读的态度和教师的阅读指导实践，进而促进样本地区农村小学生阅读能力的提高。

本章小结

从江西省阅读干预项目中，我们基于随机干预实验设计分析发现，班级图书角项目通过补给学生阅读资源，为学生提供适合其阅读的图书（没有增加其他的干预方式）可以显著改变农村小学生的阅读态度。阅读干预项目的分析结果也纠正了我国竞争性教育体制下对课外阅读长期存在的错误认识，有助于相关利益群体正确认识课外阅读对学生学业表现的正向影响。更重要的是，班级图书角项目在实施 8 个月后改变了农村地区小学生的阅读行为，增加了其阅读课外书的时长，加深了其对阅读的喜欢程度，也促进了学生与其朋友的交流阅读。数据分析结果也表明，班级图书角干预项目可以缩小男生与女生、成绩相对落后学生与成绩相对较好学生以及留守儿童与非留守儿童的阅读行为的差异性，更加有助于弱势儿童群体的阅读发展。

然而，江西省开展的班级图书角干预项目在实施 8 个月后对农村小学生的阅读测试成绩没有产生显著性的提高效应，且对农村小学生的阅读自信心有负向影响。造成该结果的原因我们总结归纳起来可能主要有三个方面。首先，仅为农村小学生提供阅读图书可能远远不够。有研究发现，为学生提供阅读图书资源是必要的，但却不足以有效地提高学生的阅读能力（Slavin et al. , 2009），尤其是对于发展中国家而言，图书资源需结合阅读指导才能更加有效地促进学生阅读发展（Topping et al. , 2007；Abeberese et al. , 2014；Friedlander and Goldenberg, 2016）。文章后续的研究发现也进一步证实了此研究观点。尽管班级图书角干预项目促使农村教师鼓励学生借阅图书，但是班级图书角干预项目没有促使教师和家长为学生提供阅读指导。其次，由于班级图书角项目干预设计的限制，项目没有改变农村小学生的教师和家长对阅读重要性的观点认知。尽管班级图书角干预项目提高了农村小学生对课外阅读重要性的认知，却不足以显著提高学生的阅读成绩和阅读自信心。最后，班级图书角干预项目可能需要更长的干预时间实现项目的最终目标，即显著提高学生的阅读能力。根据 PIRLS 的研究结果，阅读行为对提高学生阅读能力十分必要（Mullis et al.，2012），良好的阅读行为会促进学生阅读理解力的发展，有利于学生语文成绩和数学成绩的进步。短期内（即项目干预 8 个月内）班级图书角的干预改变了学生的阅读行为，长期下去阅读行为的改变可能会最终促进学生阅读能力的提高。与此同时，较长时间地为学生提供阅读材料和课外阅读指导可能会帮助学生树立阅读自信心。

从贵州省阅读干预项目中，我们进一步发现配备班级图书角并结合 NGO 教师培训干预方式可以显著地提升农村小学生的阅读测试成绩和标准化学业测试成绩。但是，仅为学生班级配备图书角，或者为样本班级配备图书角并结合教育局开展的教师培训并没有显著地提高农村小学生的阅读成绩与学业成绩。这些结果表明培训教师认识到阅读的重要性，以及培训教师如何鼓励学生进行课外阅读同时提供相应的课外阅读指导，而不仅仅是教授常规语文考试技能，可以更有效地促进农村小学生的阅读能力发展。结果还进一步表明，培训教师正确认识课外阅读等知识，可以进一步改变农村教师的阅读指导实践和对阅读的态度。提供阅读指导可能是通过直接方式提高学生的阅读理解能力，但是改变教师的阅读态度可能是通过间接方式提高学生的结果产出。比如，教师持有积极的阅读态度可能会促进小学生积极主动地参与阅读，并且成为更积极认真的阅读者。因此，在教师的指导下，学生阅读技能得到提高，长时间的有效阅读促进学生阅读能力的持续发展。因此，该研究结果发现意味着，不仅阅读数量的增加会促进小学生的阅读能力发展，而且阅读指导的质量对于发展中国家开展阅读项目的有效性也非常重要。

第七章 主要结论及政策建议

第一节 主要结论

　　基于中国不同农村地区——陕西省、贵州省和江西省三省份共计218所小学2万多名农村小学生的多轮实证调研数据，本研究对农村地区小学生阅读能力发展课题进行了阐述，不足之处请读者批评指正。为科学测试我国农村小学生的阅读能力发展水平，本研究借鉴国际测评问卷与量表PIRLS，设计和收集了阅读能力发展相关的核心变量，以期了解农村样本地区小学生阅读发展现状及相关影响因素。通过随机干预实验与干预事后评估两种类型的实验设计，本研究也试图探索分析促进农村地区小学生阅读能力提升的可行方案。为此，本研究描述分析了农村样本地区小学生的阅读能力现状，评估了农村样本地区小学生阅读环境与阅读资源的供给状况，并从供给角度探讨分析不同类型的阅读干预项目对农村小学生阅读能力和学业表现的影响效果。本研究的主要发现如下。

一 农村地区学生的阅读能力发展水平欠佳

　　数据结果显示，陕西省、贵州省和江西省样本地区的农村小学生阅读能力发展水平较低。采用标准化阅读测试结果发现，农村地

区小学生的阅读能力测试结果普遍相对较差。与参与 PIRLS 测试的
45 个国家或地区相比，我国农村样本地区小学生的平均阅读测试成
绩居末位。在不同省份农村地区，我们发现小学生的阅读能力发展
水平存在差异性，陕西省样本学生的阅读表现相对贵州省和江西省
样本学生的阅读表现更好。但值得注意的是，各省份农村小学生阅
读发展水平均相对较低，与 PIRLS 测评中其他国家或地区相比，各
省份样本学生均居后位。

　　除此之外，研究结果发现农村样本地区的教师、家长及学生依
然对课外阅读存在错误认识。除大量文献从理论上指出了学生阅读
能力在其学业表现中的重要作用外，本研究基于农村样本地区实证
数据，采用最小二乘法发现，农村样本小学生的标准化阅读测试成
绩与标准化数学测试成绩存在统计意义上的显著正相关关系。该分
析结果也进一步从实证角度验证了农村小学生的阅读能力与其学业
表现存在紧密相关关系，农村小学生的较弱的阅读能力不利于其课
业学习。

二　农村地区学生的阅读环境亟须优化与提高

　　在厘清样本地区农村小学生阅读能力发展现状后，本研究从学
生个人、学校、教师和学生家长角度出发探讨分析农村地区小学生
的阅读环境，厘清影响学生阅读能力发展的相关因素。针对学生阅
读环境可观测指标的实证评估结果表明，农村地区小学生的阅读环
境仍需进一步改善。在学校和教师阅读教学环境中，通过和参与
PIRLS 测试的其他国家或地区对比发现，现阶段样本地区农村小学
仍存在几方面不足：教师学历较低，接受的阅读培训较为有限，学
校对学生阅读能力的培养时间较晚。与之相似，农村地区学生家庭
阅读环境各项指标在 PIRLS 评比中依然居后位。样本地区农村小学
生的家长没有完全认识到课外阅读的重要性，农村小学生在家庭阅
读环境中拥有的阅读资源较为匮乏。在学生个人阅读态度方面，研

究发现大部分样本地区农村小学生均缺乏阅读自信心。研究数据也发现，样本地区农村留守儿童数量较为庞大，样本小学生中留守儿童人数超过1/3，并且随着时间的推移，留守儿童数量不断上升，因此在阅读指导中农村小学生常常缺乏父母的陪伴与指导。

在描述分析了农村小学生阅读环境各维度指标后，本研究基于实证调查数据进一步佐证发现，学校阅读教学环境、学生阅读自信心及家庭阅读环境是促进农村样本地区小学生阅读发展不可忽视的关键环节。采用最小二乘法的数据分析结果表明，学校阅读教学环境、学生阅读自信心及家庭阅读环境各类可观测指标均与样本小学生的标准化阅读测试成绩存在统计意义上的显著正相关关系。但实证分析结果没有发现，农村劳动力外出务工与学生阅读测试成绩及学业表现之间存在统计意义上的显著正相关关系。本研究也尝试对农村劳动力外出务工因素结果不显著的原因进行讨论与解释。尽管没有统计意义上的显著性，但我们仍然不能全盘否定小学生家长陪伴对其阅读能力发展的潜在影响。

三 增加阅读资源并提供阅读指导可以有效提高学生阅读能力及教育产出

在了解农村小学生阅读能力发展状况及其影响因素后，本研究尝试回答哪些类型的阅读干预方案可以有效促进农村小学生的阅读能力的提高，更好地帮助农村小学生克服早期阅读发展障碍。为探讨分析提高农村小学生阅读能力的可行性方案，本研究从供给角度出发，关注并设计不同类型的阅读干预方案，最终实证检验各类阅读干预项目对样本地区农村小学生阅读能力与学业表现的影响效果。

阅读干预项目实证分析结果表明，仅提供图书资源可以显著改变样本地区农村小学生的阅读态度与阅读行为，但在短期内无法有效地提高农村样本小学生的阅读能力及增加其他教育产出。具体而言，无论是在江西省开展的随机干预实验，还是在贵州省开展的干预事后评估，班级图书角干预方案，即在学生所在班级建立班级图书角并免费配备适宜的课外阅读图书，促进了样本地区农村小学生阅读活动的开展，且影响效果具有统计意义上的显著性。但是该类型的阅读干预方案对样本地区农村小学生的阅读能力与学业表现没有产生统计意义上的显著性影响效果。

但是，我们发现在阅读干预方案中，配备图书阅读资源且增加教师阅读指导，会增强阅读供给方案的干预效果。数据分析结果表明，在贵州省开展的阅读干预项目，即配备班级图书角阅读资源并结合教师阅读培训不仅可以有效改变样本地区小学生的阅读态度与阅读行为，还显著促进了样本地区农村小学生阅读能力的发展，同时有助于提高样本地区小学生的学业成绩。研究数据也进一步证实，在开展教师阅读培训时，也应注重教师阅读培训内容。本研究发现，在教师阅读培训中，帮助农村地区教师正确认识课外阅读的重要性以及如何对学生进行阅读指导，可以有效提升农村样本地区小学生的阅读能力及学业表现。

第二节　提高农村小学生阅读水平的政策建议

为促进农村地区学生阅读能力发展，增加农村地区学生的教育产出，从而进一步缩小城乡教育差距，结合研究结果，我们提出以下相关政策建议。

首先，相关政府部门应提高对农村地区学生阅读能力发展的重视。早期阅读能力的充足发展影响学生的最终教育水平，因此在学生早期阶段帮助其克服阅读障碍，对预防学生长期阅读发展滞缓、增加学生教育产出起到关键性的作用。本研究数据也从实证角度证实，农村地区学生的阅读能力与其学业表现存在显著正相关关系，学生阅读能力发展存在障碍会不利于学生的课业学习。但本研究基于 2015～2016 年的调查数据结果表明，相比参与 PIRLS 测试的 45

个国家或地区，样本地区农村小学生的阅读测试成绩依然排名靠后。因此，加大对农村地区小学生阅读能力的关注与投资力度依旧十分迫切。正如第三章所述，近年来政府也出台了一系列针对性措施促进农村儿童阅读发展。未来可以开展相关研究，进一步评估现阶段农村儿童的阅读发展状况。

其次，阅读干预项目是有效提高中国农村地区学生阅读能力的可行性方案之一。大量的发达国家已增设不同类型的阅读干预项目帮助其学生培养阅读兴趣并提高学生的阅读能力。研究结果表明，提供适合学生阅读的图书并进行阅读指导，可以有效地解决农村地区学生阅读能力发展滞后的问题，并提高样本地区学生的学业表现。因此，在倡导全民阅读的同时，相关部门应注重阅读资源的充足供给，保证农村地区学生阅读资源的可及性。针对农村地区，简单可行的可能方式是，提高农村小学图书馆的利用效率，及时增添适合的图书，注重学校图书馆管理经费和折旧费用的配套支撑，切实高效发挥小学学校图书馆的作用。此外，目前全国各地正在倡导建立的乡村书舍等公共阅读资源的供给也可以作为提高农村地区学生阅读资源可及性的可行办法。为激发学生的阅读兴趣并帮助学生更有效地进行阅读，还需注重教师阅读指导能力的培养，增设阅读方面的教师培训，从而提升学生的阅读质量。

再次，为创造良好的阅读环境，应提高学生利益相关群体，如校长、教师及学生家长，对学生阅读及阅读环境的正确认识。本研究中的阅读干预项目也证实了教师和家长在有效改变农村小学生阅读行为与提高其阅读能力中的关键作用。农村样本地区的教师与家长仍对课外阅读存在一些错误认知，因此亟须增加对阅读的宣传教育活动。在进行阅读宣传教育时，应注重宣传阅读内容的全面化，不仅要倡导阅读的重要性及其对学生学业表现的积极影响，还应普及适宜阅读资源供给的必要性及阅读环境的重要性。

最后，建议增加提升农村小学生阅读能力的基层投入，将学生阅读能力表现作为学生教育产出的考核指标。基于本研究结果，建议教育政策制定者将学生阅读能力测评指标纳入教育评价体系中，加大相关财政部门对学生阅读发展的投资力度。具体来说，建议增加专门的阅读课，为学生提供更长的阅读时间和更专业的阅读指导，并辅以相关阅读活动的配套支持，及时测评和了解农村地区小学生的阅读能力发展状况。现阶段，农村地区几乎很少有专门的阅读指导课，更为普遍的情况可能是在语文课中增设部分相关阅读指导，更侧重于字、词、句的学习与运用，因此可以在阅读指导和阅读课方面加大专项投资力度，以便更好地促进学生阅读能力的提升。

参考文献

［1］《财政部　文化部关于印发〈中央补助地方美术馆、公共图书馆、文化馆（站）免费开放专项资金管理暂行办法〉的通知》，中国政府网，2013 年 6 月 7 日，http：//www. gov. cn/gongbao/content/2013/content_2473890. htm。

［2］蔡昉：《人口转变、人口红利与经济增长可持续性——兼论充分就业如何促进经济增长》，《人口研究》2004 年第 2 期。

［3］昌隽如：《儿童数字阅读平台建构策略探究》，《中国出版》2019年第 23 期。

［4］陈建辉：《农村小学阅读教学有效性初探》，《考试周刊》2017年第 84 期。

［5］陈欣欣、张林秀、罗斯高和史耀疆：《父母外出与农村留守子女的学习表现——来自陕西省和宁夏回族自治区的调查》，《中国人口科学》2009 年第 5 期。

［6］崔俊富、刘瑞和苗建军：《人力资本与经济增长——兼论经济增长贫困陷阱》，《商业经济与管理》2009 年第 10 期。

［7］崔向明、张骅：《运用积极心理学理论培养农村初中学生自信心的实践研究》，《基础教育论坛》2019 年第 4 期。

［8］崔颖、徐卓君：《父母外出务工对农村留守儿童非认知能力的影响及机制》，《浙江学刊》2021 年第 5 期。

［9］邓金钱、何爱平：《城乡收入差距、劳动力质量与经济结构转型——来自中国省级数据的实证研究》，《社会科学研究》2017年第6期。

［10］邓义英：《简阳市农村中小学生课外阅读现状及对策》，《中国图书馆学报》2006年第2期。

［11］《第十八次全国国民阅读调查报告权威发布》，澎湃官网，2021年4月24日，https://www.thepaper.cn/newsDetail_forward_12369739。

［12］杜育红、赵冉：《教育在经济增长中的作用：要素积累、效率提升抑或资本互补?》，《教育研究》2018年第5期。

［13］樊继达：《公共经济视角下的城乡义务教育：差距及收敛》，《中央财经大学学报》2009年第9期。

［14］方文国：《"全民阅读"第五次写入政府工作报告》，《中华读书报》2018年3月28日，第1版。

［15］〔德〕弗里德里希·李斯特：《政治经济学的国民体系》，陈万煦译，商务印书馆，1961。

［16］〔苏〕弗·谢·阿法纳西耶夫：《资产阶级古典政治经济学的产生》，张奇方、黄连璧译，商务印书馆，1984。

［17］傅才武、岳楠：《公共文化服务体系建设中财政增量投入的约束条件——以县级公共图书馆为中心的考察》，《中国图书馆学报》2018年第4期。

［18］耿立楠：《浅谈农村学生学习自信心的培养》，《中国校外教育》2012年第19期。

［19］贵州省统计局、国家统计局贵州调查总队编《贵州省统计年鉴（2015）》，中国统计出版社，2015。

［20］江西省统计局、国家统计局江西调查总队编《江西省统计年鉴（2016）》，中国统计出版社，2016。

［21］郭敏、张黎、胡青蓉：《非洲四国的阅读推广研究》，《图书馆

建设》2015 年第 3 期。

[22] 郭清扬:《论义务教育应该实行成本分担》,《教育与经济》
2004 年第 3 期。

[23] 国家统计局编《中国统计年鉴(2016)》,中国统计出版
社,2016。

[24] 国家统计局编《中国统计年鉴(2017)》,中国统计出版
社,2017。

[25] 国家统计局编《中国统计年鉴(2015)》,中国统计出版
社,2015。

[26]《2019 年农民工监测调查报告》,国家统计局官网,2020 年 4
月 30 日,http://www.stats.gov.cn/xxgk/sjfb/zxfb2020/202004/
t20200430_1767704.html。

[27]《2014 年〈中国儿童发展纲要(2011—2020 年)〉实施情况统
计报告》,国家统计局官网,2015 年 11 月 27 日,http://www.
stats.gov.cn/tjsj/zxfb/201511/t20151127_1282230.html。

[28]《2018 年〈中国儿童发展纲要(2011—2020 年)〉统计监测报
告》,国家统计局官网,2019 年 12 月 6 日,http://www.stats.
gov.cn/tjsj/zxfb/201912/t20191206_1715751.html。

[29]《2019 年〈中国儿童发展纲要(2011—2020 年)〉统计监测报
告》,国家统计局官网,2020 年 12 月 18 日,http://www.stats.
gov.cn/tjsj/zxfb/202012/t20201218_1810128.html。

[30]《2017 年〈中国儿童发展纲要(2011—2020 年)〉统计监测报
告》,国家统计局官网,2018 年 11 月 9 日,http://www.stats.
gov.cn/tjsj/zxfb/201811/t20181109_1632517.html。

[31]《2016 年〈中国儿童发展纲要(2011—2020 年)〉统计监测报
告》,国家统计局官网,2017 年 10 月 26 日,http://www.stats.
gov.cn/tjsj/zxfb/201710/t20171026_1546618.html。

[32]《〈中国儿童发展纲要(2011—2020 年)〉中期统计监测报

告》，国家统计局官网，2016 年 11 月 3 日，http：∥www. stats. gov. cn/tjsj/zxfb/201611/t20161103_1423705. html。

[33] 《中华人民共和国 2010 年国民经济和社会发展统计公报》，国家统计局官网，2011 年 2 月 28 日，http：∥www. stats. gov. cn/tjsj/tjgb/ndtjgb/qgndtjgb/201102/t20110228_30025. html。

[34] 《国家新闻出版广电总局关于印发〈全民阅读"十三五"时期发展规划〉的通知》，国家新闻出版署官网，2016 年 12 月 27 日，http：∥www. nppa. gov. cn/nppa/contents/279/1609. shtml。

[35] 《关于公布全国连片特困地区分县名单的说明》，中国政府网，2012 年 6 月 14 日，http：∥www. gov. cn/gzdt/2012 – 06/14/content_2161045. htm。

[36] 《国务院关于印发中国妇女发展纲要和中国儿童发展纲要的通知》，中国政府网，2011 年 7 月 30 日，http：∥www. gov. cn/gongbao/content/2011/content_1927200. htm。

[37] 《2019 年国务院政府工作报告》，中国政府网，2019 年 3 月 5 日，http：∥www. gov. cn/guowuyuan/2019zfgzbg. htm。

[38] 何枫、冯宗宪：《论创造性智力及其在经济增长中的贡献》，《中国工业经济》2001 年第 10 期。

[39] 何晓波：《人力资本、制度及经济发展：一个文献综述》，《劳动经济研究》2016 年第 2 期。

[40] 贺民、杨公安：《公共选择理论视域下城乡义务教育资源配置效率的再思考》，《继续教育研究》2013 年第 1 期。

[41] 侯洋、徐展：《农村留守儿童的孤独感与自卑感》，《中国心理卫生杂志》2008 年第 8 期。

[42] 黄维海：《基于 SEP 框架的城—镇—乡教育差距扩大（1995～2014）机制分析及对策》，《教育与经济》2016 年第 5 期。

[43] 霍华德·帕克、邹性宏：《工业国与发展中国家之间的技术差距：迟来者能得益吗?》，《世界经济文汇》1993 年第 4 期。

[44] 〔美〕加里·贝克尔：《人力资本》，陈耿宣译，机械工业出版社，2016。

[45] 《教育部办公厅关于进一步做好乡村教师生活补助政策实施工作的通知》，中华人民共和国教育部官网，2020 年 6 月 28 日，http：//www. moe. gov. cn/srcsite/A10/s7030/202006/t20200628_468807. html。

[46] 《教育部办公厅关于印发〈2019 年全国中小学图书馆（室）推荐书目〉的通知》，中华人民共和国教育部官网，2019 年 11 月 12日，http：//www. moe. gov. cn/srcsite/A06/s3321/201911/t20191112_407873. html。

[47] 《教育部等九部门关于印发〈中西部欠发达地区优秀教师定向培养计划〉的通知》，中国政府网，2021 年 8 月 3 日，http：//www. gov. cn/zhengce/zhengceku/2021 – 08/03/content_5629261. htm。

[48] 《教育部关于印发义务教育语文等学科课程标准（2011 年版）的通知》，中华人民共和国教育部官网，2011 年 12 月 28 日，http：//www. moe. gov. cn/srcsite/A26/s8001/201112/t20111228 _167340. html。

[49] 《教育部关于印发〈中小学生课外读物进校园管理办法〉的通知》，中华人民共和国教育部官网，2021 年 4 月 1 日，http：//www. moe. gov. cn/srcsite/A26/moe_714/202104/t20210401_ 523904. html。

[50] 《教育部关于印发〈中小学图书馆（室）规程〉的通知》，中华人民共和国教育部官网，2018 年 5 月 31 日，http：//www. moe. gov. cn/srcsite/A06/jcys_jyzb/201806/t20180607_338712. html。

[51] 《教育部关于印发〈中小学图书馆（室）规程（修订）〉的通知》，中华人民共和国教育部官网，2003 年 3 月 25 日，http：//www. moe. gov. cn/srcsite/A06/jcys_jyzb/200303/t20030325_88596. html。

[52] 《教育部、国家语委关于印发〈国家中长期语言文字事业改革

和发展规划纲要（2012—2020 年）〉的通知》，中华人民共和国教育部官网，2012 年 12 月 10 日，http://www.moe.gov.cn/srcsite/A18/s3127/s7072/201212/t20121210_146511.html。

[53] 《国家中长期教育改革和发展规划纲要（2010—2020 年）》，中华人民共和国教育部官网，2010 年 7 月 29 日，http://www.moe.gov.cn/srcsite/A01/s7048/201007/t20100729_171904.html。

[54] 《2015 年教育统计数据》，中华人民共和国教育部官网，http://www.moe.gov.cn/jyb_sjzl/moe_560/jytjsj_2015/index.html。

[55] 《教育部 文化部 国家新闻出版广电总局关于加强新时期中小学图书馆建设与应用工作的意见》，中华人民共和国教育部官网，2015 年 5 月 20 日，http://www.moe.gov.cn/srcsite/A06/jcys_jyzb/201505/t20150520_189496.html。

[56] 中华人民共和国教育部发展规划司编《中国教育统计年鉴（2014）》，人民教育出版社，2015。

[57] 靳希斌：《人力资本学说与教育经济学新进展》，教育科学出版社，2010。

[58] 孔祥福：《加强小学语文阅读教学的思考》，《语文建设》2014 年第 26 期。

[59] 李锋亮：《政府有义务对义务教育资源进行均衡化》，《教育科学研究》2005 年第 12 期。

[60] 李基礼：《资本扩张方式转变与新发展理念——基于对西方人力资本理论的经济哲学批判》，《马克思主义与现实》2017 年第 1 期。

[61] 李丽萍：《首发〈中国城市儿童阅读调查报告〉》，中国出版传媒网，2016 年 7 月 12 日，http://www.cbbr.com.cn/contents/533/8455.html。

[62] 李梦竹、张莉、任姝萍、袁玲芝：《我国未成年人阅读推广政策研究（1980—2020）——基于国家层面相关政策文本分

析》，《图书馆理论与实践》2021 年第 4 期。

[63] 李庆海、孙瑞博、李锐：《农村劳动力外出务工模式与留守儿童学习成绩——基于广义倾向得分匹配法的分析》，《中国农村经济》2014 年第 10 期。

[64] 李武、朱淑华、王丹、吴军委：《新世纪未成年人阅读推广理论研究进展》，《图书馆论坛》2018 年第 10 期。

[65] 李欣业、蒋伟、付军：《图书馆对农村儿童阅读现状调查及阅读推广》，《黑龙江史志》2014 年第 7 期。

[66] 李艳芳：《农村小学语文阅读教学的问题及对策》，《新课程（上）》2017 年第 2 期。

[67] 林森木：《英国古典政治经济学的劳动价值学说简介》，《教学与研究》1962 年第 3 期。

[68] 刘国松：《图书馆对儿童阅读现状调查及阅读推广》，《黑龙江史志》2014 年第 5 期。

[69] 陆璟：《阅读参与度和学习策略对阅读成绩的影响——基于上海 PISA2009 数据的实证研究》，《教育发展研究》2012 年第 18 期。

[70] 吕炜、杨沫、王岩：《城乡收入差距、城乡教育不平等与政府教育投入》，《经济社会体制比较》2015 年第 3 期。

[71] 吕艳波、赵宁宁：《美国国家教育进展评估数学测试框架的特点及启示》，《小学教学（数学版）》2020 年第 2 期。

[72] 綦春霞、李孝诚：《英国国家测评与问责制：争议与建议——〈KS2 国家测评与问责制修订进展报告〉解读》，《基础教育课程》2012 年第 5 期。

[73] 乔菊英、李蕊平：《当前我国国民阅读状况分析》，《图书情报工作》2009 年第 13 期。

[74] 沈扬扬：《收入增长与不平等对农村贫困的影响——基于不同经济活动类型农户的研究》，《南开经济研究》2012 年第 2 期。

［75］ 盛振学：《提高农村小学生阅读能力的途径》，《中国教育技术装备》2014 年第 23 期。

［76］ 施子海：《加快产业技术进步，提高科技对经济增长的贡献率》，《经济研究参考》1997 年第 56 期。

［77］ 史清琪：《21 世纪高技术产业发展中的人力资本》，《中国人力资源开发》1999 年第 8 期。

［78］ 史燕来：《建立符合公共财政要求的农村义务教育管理投入机制》，《当代教育科学》2004 年第 24 期。

［79］ 宋岩：《中宣部印发〈关于促进全民阅读工作的意见〉深入推进全民阅读》，中国政府网，2020 年 10 月 22 日，http://www. gov. cn/xinwen/2020 – 10/22/content_5553414. htm。

［80］ 孙山：《第十七次全国国民阅读调查显示：2019 年我国成年国民人均每天读纸质书不到 20 分钟》，中国青年网，2020 年 4 月 22 日，http://news. youth. cn/sh/202004/t20200422_12299192. htm。

［81］ 谭俊华、李寒、刘海雁：《我国农村人力资本投资的主要途径》，《农业经济》2004 年第 9 期。

［82］ 田春龙：《小学语文阅读教学的实践和创新策略研究》，《现代教育科学》2015 年第 6 期。

［83］ 汪雁：《中小型公共图书馆未成年人数字阅读推广工作》，《兰台世界》2016 年第 13 期。

［84］ 王弟海、龚六堂：《经济发展过程中的人力资本分布与工资不平等》，《世界经济》2009 年第 8 期。

［85］ 王会军：《浙江省中小学图书馆建设的实践和思考》，《教学仪器与实验》2012 年第 9 期。

［86］ 王永水、朱平芳：《中国经济增长中的人力资本门槛效应研究》，《统计研究》2016 年第 1 期。

［87］ 王志艳：《〈全民阅读"十三五"时期发展规划〉发布》，新华网，2016 年 12 月 27 日，http://www. xinhuanet. com/politics/

2016 –12/27/c_129421928. htm。

[88] 尉崇江、于曰庆：《论农村留守儿童学习自信心的培养》，《当代教育科学》2015 年第 12 期。

[89] 魏晓东、于海波：《德国大规模教育测评项目的框架、方法及启示》，《外国中小学教育》2017 年第 1 期。

[90] 《文化部关于印发〈"十三五"时期全国公共图书馆事业发展规划〉的通知》，中华人民共和国文化和旅游部官网，2017 年 12 月 4 日，https://www.mct.gov.cn/whzx/bnsj/ggwhs/201712/t20171204_829824. htm。

[91] 吴春霞、何忠伟、郑小平：《城乡公共品财政投入差距及影响因素分析——以农村义务教育为例》，《农村经济》2009 年第 5 期。

[92] 吴红梅：《雅各布·明瑟劳动经济学思想评述——潜在诺贝尔经济学奖得主学术贡献评介系列》，《经济学动态》2001 年第 4 期。

[93] 〔美〕西奥多·舒尔茨：《教育的经济价值》，曹延亭译，吉林人民出版社，1982。

[94] 〔美〕西奥多·舒尔茨：《人力资本投资》，蒋斌、张蘅译，商务印书馆，1990。

[95] 谢贝妮、李岳云：《父母外出务工对子女高中教育的影响》，《经济管理》2012 年第 11 期。

[96] 《新闻出版总署关于印发〈新闻出版业"十二五"时期发展规划〉的通知》，中国政府网，2011 年 4 月 20 日，http://www.gov.cn/gongbao/content/2011/content_1987387. htm。

[97] 徐同亮：《全民阅读背景下我国公共阅读服务体系建设探究》，《图书馆论坛》2014 年第 8 期。

[98] 〔英〕亚当·斯密：《国富论》，郭大力、王亚南译，商务印书馆，1979。

［99］ 杨新晓、陈殿兵：《俄罗斯提升学生阅读能力及素养的探究及启示》，《中小学教师培训》2018 年第 11 期。

［100］ 叶敬忠、王伊欢、张克云、陆继霞：《父母外出务工对农村留守儿童学习的影响》，《农村经济》2006 年第 7 期。

［101］ 袁琦：《社区义务教育与公共物品有效供给的思考》，《教育与教学研究》2005 年第 10 期。

［102］ 岳春杰：《全民阅读背景下英国阅读社运行模式研究》，《出版广角》2020 年第 9 期。

［103］ 张春丽、金岳晴：《EDUSAT 对印度阅读推广事业产生的影响》，《四川图书馆学报》2013 年第 1 期。

［104］ 张林秀：《随机干预试验——影响评估的前沿方法》，《地理科学进展》2013 年第 6 期。

［105］ 张麒麟：《国外校园阅读立法比较及其经验启示》，《图书馆工作与研究》2016 年第 8 期。

［106］ 张世伟、吕世斌：《家庭教育背景对个人教育回报和收入的影响》，《人口学刊》2008 年第 3 期。

［107］ 张小会：《农村小学生课外阅读现状及阅读指导对策》，《科学咨询（教育科研)》2014 年第 11 期。

［108］ 张晓蕾：《英国基础教育质量标准〈国家课程〉及监控系统》，《全球教育展望》2012 年第 5 期。

［109］ 张艳玲：《习近平扶贫新论断：扶贫先扶志、扶贫必扶智和精准扶贫》，人民网，2016 年 1 月 3 日，http：//politics. peo-ple. com. cn/n1/2016/0103/c1001 - 28006150. html。

［110］ 张燕、洪明：《从“早期阅读优先”计划看美国学前儿童阅读教育政策的特点与走向》，《学前教育研究》2010 年第 2 期。

［111］《中共中央 国务院关于抓好“三农”领域重点工作确保如期实现全面小康的意见》，中国政府网，2020 年 2 月 5 日，http：//

www. gov. cn/zhengce/2020 – 02/05/content_5474884. htm。

[112]《中华人民共和国公共图书馆法》，中国政府网，2017 年 11 月 5
日，http://www. gov. cn/xinwen/2017 – 11/05/content_5237326. htm。

[113]《中华人民共和国公共图书馆法》，中国政府网，2017 年 11 月
5 日，http://www. gov. cn/xinwen/2017 – 11/05/content_523732
6. htm。

[114]《中华人民共和国未成年人保护法》，中国政府网，2020 年 10
月 18 日，http://www. gov. cn/xinwen/2020 – 10/18/content_5552
113. htm。

[115]《中华人民共和国文化和旅游部 2020 年文化和旅游发展统计
公报》，中华人民共和国文化和旅游部官网，2021 年 7 月 5
日，http://zwgk. mct. gov. cn/zfxxgkml/tjxx/202107/t20210705_
926206. html。

[116] 钟展艳、李志厚：《香港全港性系统评估及其启示——以小
学语文课程评估为例》，《教育测量与评价》2018 年第 9 期。

[117] 周佳、叶丽新：《大规模阅读测评的发展趋势与特色分析——
以 PIRLS 等阅读测评项目为例》，《语文学习》2018 年第 7 期。

[118] 周仕德：《美国的阅读教育：政策、趋向及启示》，《外国中
小学教育》2015 年第 1 期。

[119] 周仲高：《教育人口学》，社会科学文献出版社，2014。

[120] 朱德全、李鹏、宋乃庆：《中国义务教育均衡发展报告——
基于〈教育规划纲要〉第三方评估的证据》，《华东师范大学
学报》（教育科学版）2017 年第 1 期。

[121] 祝志芬：《公共产品理论视角下的义务教育福利制度研究》，
《湖北社会科学》2011 年第 6 期。

[122] 庄建：《中国少儿阅读现状：功利性阅读多，情趣性阅读少》，
中国新闻网，2010 年 5 月 31 日，http://www. chinanews. com/
cul/news/2010/05 – 31/2312636. shtml。

[123] 庄琴、杜学元:《新课程理念下农村小学生课外阅读研究》,《现代教育科学》2007 年第 10 期。

[124] 邹薇、郑浩:《贫困家庭的孩子为什么不读书:风险、人力资本代际传递和贫困陷阱》,《经济学动态》2014 年第 6 期。

[125] Abeberese, A. B., Kumler, T. J., Linden, L. L., "Improving Reading Skills by Encouraging Children to Read in School: A Randomized Evaluation of the Sa Aklat Sisikat Reading Program in the Philippines", *Journal of Human Resources* 49 (3), 2014, pp. 611 – 633.

[126] Adem, D., Onder, K., "Middle School Students' Reading Comprehension of Mathematical Texts and Algebraic Equations", *International Journal of Mathematical Education in Science & Technology* 42 (4), 2011, pp. 447 – 468.

[127] Adler, M. A., Fisher, C. W., "Early Reading Programs in High-Poverty Schools: A Case Study of Beating the Odds", *Reading Teacher* 54 (6), 2001, pp. 616 – 619.

[128] Antman, F. M., "Gender, Educational Attainment, and the Impact of Parental Migration on Children Left Behind", *Journal of Population Economics* 25 (4), 2012, pp. 1187 – 1214.

[129] Araújo, L., Costa, P., "Home Book Reading and Reading Achievement in EU Countries: The Progress in International Reading Literacy Study 2011 (PIRLS)", *Educational Research and Evaluation* 21 (5 – 6), 2015, pp. 422 – 438.

[130] Bastug, M., "The Structural Relationship of Reading Attitude, Reading Comprehension and Academic Achievement", *International Journal of Social Sciences & Education* 4 (4), 2014, pp. 931 – 946.

[131] Becker, G. S., Tomes, N., "Human Capital and the Rise and

Fall of Families", *Journal of Labor Economics* 4 (3), 1986.

[132] Biancarosa, G., Bryk, A. S., Dexter, E. R., "Assessing the Value-Added Effects of Literacy Collaborative Professional Development on Student Learning", *The Elementary School Journal* 111 (1), 2010, pp. 7 – 34.

[133] Bi, C., Oyserman, D., "Left Behind or Moving Forward? Effects of Possible Selves and Strategies to Attain Them among Rural Chinese Children", *Journal of Adolescence* 44, 2015, pp. 245 – 258.

[134] Boerma, I. E., Mol, S. E., Jolles, J., "The Role of Home Literacy Environment, Mentalizing, Expressive Verbal Ability, and Print Exposure in Third and Fourth Graders' Reading Comprehension", *Scientific Studies of Reading* 21 (3), 2017, pp. 179 – 193.

[135] Borkum, E., He, F., Linden, L. L., "School Libraries and Language Skills in Indian Primary Schools: A Randomized Evaluation of the Akshara Library Program", *National Bureau of Economic Research*, 2012.

[136] Caygill, R., Chamberlain, M., "Progress in International Reading Literacy Study (PIRLS): New Zealand's Year 5 Student Achievement 2001", Comparative Education Research Unit, Research Division, Ministry of Education, 2004.

[137] Chansa-Kabali, T., Serpell, R., Lyytinen, H., "Contextual Analysis of Home Environment Factors Influencing the Acquisition of Early Reading Skills in Zambian Families", *Journal of Psychology in Africa* 24 (5), 2014, pp. 410 – 419.

[138] Chansa-Kabali, T., Westerholm, J., "The Role of Family on Pathways to Acquiring Early Reading Skills In Lusaka's Low-Income

Communities", *Human Technology*: *An Interdisciplinary Journal on Humans in ICT Environments* 10 (1), 2014, pp. 5 – 22.

[139] Chapman, J., Tunmer, W., "Development of Young Children's Reading Self-Concepts: An Examination of Emerging Subcomponents and Their Relationship with Reading Achievement", *Journal of Educational Psychology* 87 (1), 1995, pp. 154 – 167.

[140] Chapman, J., Tunmer, W., Prochnow, J., "Early Reading-Related Skills and Performance, Reading Self-Concept, and the Development of Academic Self-Concept: A Longitudinal Study", *Journal of Educational Psychology* 92 (4), 2000, pp. 703 – 708.

[141] Charlton, B., Williams, R. L., McLaughlin, T. F., "Educational Games: A Technique to Accelerate the Acquisition of Reading Skills of Children with Learning Disabilities", *International Journal of Special Education* 20 (2), 2005, pp. 66 – 72.

[142] Chen, Y., Li, P. J., Carlo, L., Sun, Y. Z., Xu, D. D., Feng, Q., Fu, S. S., "Sustainable Management Measures for Healthcare Waste in China", *Waste Management* 29 (6), 2009, pp. 1996 – 2004.

[143] Cheung, W. M., et al., "Progress in International Reading Literacy Study 2006 (PIRLS): Pedagogical Correlates of Fourth-Grade Students in Hong Kong", *Journal of Research in Reading* 32 (3), 2009, pp. 293 – 308.

[144] Chiu, M., McBride-Chang, C., "Gender, Context, and Reading: A Comparison of Students in 43 Countries", *Scientific Studies of Reading* 10 (4), 2006, pp. 331 – 362.

[145] Christian, K., Morrison, F. J., Bryant, F. B., "Predicting Kindergarten Academic Skills: Interactions among Child Care, Maternal Education, and Family Literacy Environments", *Early*

Childhood Research Quarterly 13 (3), 1998, pp. 501 – 521.

[146] Clark, C., Hawkins, L., "Young People's Reading: The Importance of the Home Environment and Family Support", London, National Literacy Trust, 2010.

[147] Clark, C., Rumbold, K., "Reading for Pleasure: A Research Overview", National Literacy Trust, 2006.

[148] Committee on the Prevention of Reading Difficulties in Young Children, *Preventing Reading Difficulties in Young Children* (Washington, DC: National Academy Press, 1998).

[149] Cox, K. E., Guthrie, J. T., "Motivational and Cognitive Contributions to Students' Amount of Reading", *Contemporary Educational Psychology* 26 (1), 2001, pp. 116 – 131.

[150] Cromley, J. G., "Reading Achievement and Science Proficiency: International Comparisons from the Programme on International Student Assessment", *Reading Psychology* 30 (2), 2009, pp. 89 – 118.

[151] Dahl, G. B., Lochner, L., "The Impact of Family Income on Child Achievement", National Bureau of Economic Research, 2005.

[152] Darling-Hammond, L., "Teacher Quality and Student Achievement: A Review of State Policy Evidence", *Education Policy Analysis Archives* 8 (1), 2000, p. 44.

[153] Davis-Kean, P. E., "The Influence of Parent Education and Family Income on Child Achievement: The Indirect Role of Parental Expectations and the Home Environment", *Journal of Family Psychology* 19 (2), 2005, pp. 294 – 304.

[154] Dent, V. F., Goodman, G., "The Rural Library's Role in Ugandan Secondary Students' Reading Habits", *IFLA Journal* 41

(1), 2015, pp. 53 - 62.

[155] Di, M., Yu, B., Matthew, B., Scott, R., "Evaluating the Effectiveness of Computers as Tutors in China", International Initiative for Impact Evaluation, 2017.

[156] Elley, W. B., "Lifting Literacy Levels in Developing Countries: Some Implications from an IEA Study", Promoting Reading in Developing Countries, 1996, pp. 39 - 54.

[157] Elley, W., "The Potential of Book Floods for Raising Literacy Levels", *International Review of Education* 46, 2000, pp. 233 - 255.

[158] Engle, P. L., Black, M. M., Behrman, J. R., Gertler, P. J., Kapiriri, L., Martorell, R., Young, M. E., "Strategies to Avoid the Loss of Developmental Potential in More than 200 Million Children in the Developing World", *The Lancet* 369 (9557), 2007, pp. 229 - 242.

[159] Farkas, G., Beron, K., "The Detailed Age Trajectory of Oral Vocabulary Knowledge: Differences by Class and Race", *Social Science Research* 33 (3), 2004, pp. 464 - 497.

[160] Fleisher, B. M., Yang, D. T., "Labor Laws and Regulations in China", *China Economic Review* 14 (4), 2003, pp. 426 - 433.

[161] Foorman, B. R., Fletcher, J. M., Francis, D. J., et al., "The Role of Instruction in Learning to Read: Preventing Reading Failure in At-Risk Children (1998)", *Journal of Educational Psychology* 90 (1), 1998, pp. 37 - 55.

[162] Fractor, J. S., Woodruff, M. C., Martinez, M. G., Teale, W. H., "Let's Not Miss Opportunities to Promote Voluntary Reading: Classroom Libraries in the Elementary School", *The Reading Teacher* 46 (6), 1993, pp. 476 - 484.

[163] Friedlander, E., Goldenberg, C., *Literacy Boost in Rwanda*: *Impact Evaluation of a Two Year Randomized Control Trial* (*Stanford, CA*: *Stanford University*, 2016), p. 234.

[164] Fromm, G., Denison, E. F., "The Sources of Economic Growth in the United States and the Alternatives before Us", *Journal of the American Statistical Association* 58 (304), 1963, p. 1168.

[165] Fu, T. M., "Unequal Primary Education Opportunities in Rural and Urban China", *China Perspectives* (60), 2005, pp. 30 – 36.

[166] Ganimian, A., Murnane, R., "Improving Education in Developing Countries: Lessons From Rigorous Impact Evaluations", *Review of Educational Research* 86 (3), 2016.

[167] Gao, L., *Impacts of Cultural Capital on Student College Choice in China* (Lexington Books, 2011).

[168] Gao, Q., Wang, H., Chang, F., Yi, H., Shi, Y., "Reading Achievement in China's Rural Primary Schools: A Study of Three Provinces", *Educational Studies* 47 (3), 2021, pp. 344 – 368.

[169] Gao, S., Yang, M., Wang, X., Min, W., Rozelle, S., "Can Reading Programs Improve Reading Skills and Academic Performance in Rural China?", *China Economic Review* 52 (C), 2018, pp. 111 – 125.

[170] Gao, S., Yang, M., Wang, X., Min, W., Rozelle, S., "Peer Relations and Dropout Behavior: Evidence from Junior High School Students in Northwest Rural China", *International Journal of Educational Development* 65, 2019, pp. 134 – 143.

[171] Glewwe, P. W., Hanushek, E. A., Humpage, S. D., Ravina, R., "School Resources and Educational Outcomes in Developing Countries: A Review of the Literature from 1990 to 2010",

Working Paper 10, 2011.

[172] Glewwe, P. W. , "Schools and Skills in Developing Countries: Education Policies and Socioeconomic Outcomes", *Journal of Economic Literature* 40 (2), 2002, pp. 436 – 482.

[173] Glymph, A. , "Nation's Report Card: Trial Urban District Assessment Results at Grades 4 and 8", 2011.

[174] Goldstein, H. , "Education for All: the Globalization of Learning Targets", *Comparative Education* 40 (1), 2004, pp. 7 – 14.

[175] Gonzales, P. , Guzmán, J. C. , Partelow, L. , Pahlke, E. , Jocelyn, L. , "Highlights from the Trends in International Mathematics and Science Study (TIMSS) 2003", 2004.

[176] Good, R. H. , Simmons, D. C. , Kame'enui, E. J. , "The Importance and Decision-Making Utility of a Continuum of Fluency-Based Indicators of Foundational Reading Skills for Third-Grade High-Stakes Outcomes", *Scientific Studies of Reading* 5 (3), 2001, pp. 257 – 288.

[177] Graaf, N. D. D. , Graaf, P. M. D. , Kraaykamp, G. , "Parental Cultural Capital and Educational Attainment in the Netherlands: A Refinement of the Cultural Capital Perspective", *Sociology of Education* 73 (2), 2000, p. 92.

[178] Grantham-McGregor, S. , Cheung, Y. B. , Cueto, S. , Glewwe, P. , Richter, L. , Strupp, B. , the International Child Development Steering Group, "Developmental Potential in the First 5 Years for Children in Developing Countries", *The Lancet* 369 (9555), 2007, pp. 60 – 70.

[179] Greenwald, R. , Hedges, L. V. , Laine, R. D. , "The Effect of School Resources on Student Achievement", *Review of Educational Research* 66 (3), 1996, pp. 361 – 396.

[180] Guo, S. B. , Guo, Y. , Beckett, G. , Li, Q. , Guo, L. Y. , "Changes in Chinese Education under Globalization and Market Economy: Emerging Issues and Debates", *Compare: A Journal of Comparative and International Education* 43 (2), 2013, pp. 244 – 264.

[181] Gustafsson, J. E. , Hansen, K. Y. , Rosén, M. , "Effects of Home Background on Student Achievement in Reading, Mathematics, and Science at the Fourth Grade", 2013.

[182] Hanushek, E. , "Assessing the Effects of School Resources on Student Performance: An Update", *Educational Evaluation and Policy Analysis* 19 (2), 1997.

[183] Hemmerechts, K. , Agirdag, O. , Kavadias, D. , "The Relationship between Parental Literacy Involvement, Socio-economic Status and Reading Literacy", *Educational Review* 69 (1), 2017, pp. 85 – 101.

[184] Houle, R. , Montmarquette, C. , "An Empirical Analysis of Loans by School Libraries", *Alberta Journal of Educational Research* 30, 1984.

[185] International Initiative for Impact Evaluation, "Evaluating the Impact of Computer-Assisted Instruction and Learning in China", 2017.

[186] Jeff, M. , Julie, A. , "The Effect of Print Access on Reading Frequency", *Reading Psychology* 22 (3), 2001, pp. 225 – 248.

[187] Jia, Z. , Tian, W. , "Loneliness of Left-Behind Children: A Cross-Sectional Survey in a Sample of Rural China", *Child: Care, Health and Development* 36 (6), 2010, pp. 812 – 817.

[188] John, K. , Lina, S. , Jia, H. , "Chinese Rural Migrants in Urban Enterprises: Three Perspectives", *Journal of Development*

Studies 35 (3), 1999, pp. 73 – 104.

[189] Joncas, M., Foy, P., "Sample Design in TIMSS and PIRLS", Intenational Study Center, 2011.

[190] Jordan, N. C., Hanich, L. B., Kaplan, D., "A Longitudinal Study of Mathematical Competencies in Children with Specific Mathematics Difficulties versus Children with Comorbid Mathematics and Reading Difficulties", *Child Development* 74 (3), 2003, pp. 834 – 850.

[191] Katzir, T., Lesaux, N. K., Kim, Y. S., "The Role of Reading Self-Concept and Home Literacy Practices in Fourth Grade Reading Comprehension", *Reading and Writing* 22 (3), 2009, pp. 261 – 276.

[192] Kavanagh, L., "Relations between Children's Reading Motivation, Activity and Performance at the end of Primary School", *Journal of Research in Reading* 42, 2019.

[193] Kleiman-Weiner, M., Luo, R., Zhang, L., Shi, Y., Medina, A., Rozelle, S., "Eggs versus Chewable Vitamins: Which Intervention Can Increase Nutrition and Test Scores in Rural China?", *China Economic Review* 24, 2013, pp. 165 – 176.

[194] Kolenikov, S., Angeles, G., "Socioeconomic Status Measurement with Discrete Proxy Variables: Is Principal Component Analysis a Reliable Answer?", *Review of Income and Wealth* 55 (1), 2009, pp. 128 – 165.

[195] Krauthammer, C., "Education: Doing Bad and Feeling Good", *Time Magazine* 78, 1990.

[196] Lahaie, C., Hayes, J. A., Piper, T. M., Heymann, J., "Work and Family Divided across Borders: The Impact of Parental Migration on Mexican Children in Transnational Families", *Community, Work*

& *Family* 12 (3), 2009, pp. 299 – 312.

[197] Lai, F. , Liu, C. , Luo, R. , Zhang, L. , Ma, X. , Bai, Y. , Rozelle, S. , "Private Migrant Schools or Rural/Urban Public Schools: Where Should China Educate Its Migrant Children", *REAP Working Paper* 224, 2009.

[198] Lee, M. , "Migration and Children's Welfare in China: The Schooling and Health of Children Left Behind", *The Journal of Developing Areas* 44, 2011, pp. 165 – 182.

[199] Lee, V. E. , Zuze, T. L. , "School Resources and Academic Performance in Sub-Saharan Africa", *Comparative Education Review* 55 (3), 2011, pp. 369 – 397.

[200] Liang, Z. , Chen, Y. P. , "The Educational Consequences of Migration for Children in China", *Social Science Research* 36 (1), 2007, pp. 28 – 47.

[201] Lietz, P. , "A Meta-Analysis of Gender Differences in Reading Achievement at the Secondary School Level", *Studies in Educational Evaluation* 32 (4), 2006, pp. 317 – 344.

[202] Li, H. B. , Loyalka, P. , Rozelle, S. , Wu, B. Z. , "Human Capital and China's Future Growth", *Journal of Economic Perspectives* 31, 2017, pp. 25 – 48.

[203] Li, H. B. , Loyalka, P. , Rozelle, S. , Wu, B. Z. , Xie, J. Y. , "Unequal Access to College in China: How Far Have Poor, Rural Students Been Left Behind?", *The China Quarterly* 221, 2015, pp. 185 – 207.

[204] Li, H. , Rao, N. , "Parental Influences on Chinese Literacy Development: A Comparison of Preschoolers in Beijing, Hong Kong, and Singapore", *International Journal of Behavioral Development* 24, 2000, pp. 82 – 90.

[205] Liu, C., Yi, H., Luo, R., Bai, Y. L., Zhang, L., Shi, Y., Huan, W., Chu, J., Rozelle, S., *The Effect of Early Commitment of Financial Aid on Matriculation to Senior High School among Poor Junior High Students in Rural China* (*Social Science Electronic Publishing*, 2017).

[206] Lonigan, C. J., Shanahan, T., "Executive Summary of the Report of the National Early Literacy Panel", 2009.

[207] Lucas, A. M., McEwan, P. J., Ngware, M., Oketch, M., "Improving Early-Grade Literacy in East Africa: Experimental Evidence from Kenya and Uganda", *Journal of Policy Analysis and Management* 33 (4), 2014, pp. 950 – 976.

[208] Lu, X., "Review of the Studies on Children's Reading Promotion in China", *Library Work and Study*, 2013.

[209] Martin, M. O., Mullis, I. V. S., "TIMSS and PIRLS 2011: Relationships among Reading, Mathematics, and Science Achievement at the Fourth Grade——Implications for Early Learning", International Association for the Evaluation of Educational Achievement, 2013.

[210] Ma, X. C., Zhou, Z. Q., Yi, H. M., Pang, X. P., Shi, Y. J., Chen, Q. Y., Meltzer, M., Le-Cessie, S., He, M. G., Scott, R., Liu, Y. Z., Congdon, N., "Effect of Providing Free Glasses on Children's Educational Outcomes in China: Cluster Randomized Controlled Trial", *BMJ* 349, 2014.

[211] McGuigan, L., Hoy, W. K., "Principal Leadership: Creating a Culture of Academic Optimism to Improve Achievement for All Students", *Leadership and Policy in Schools* 5 (3), 2006, pp. 203 – 229.

[212] Mckenzie, D., Rapoport, H., "Can Migration Reduce Educa-

tional Attainment? Evidence from Mexico", *Journal of Population Economics* 24, 2011, pp. 1331 – 1358.

[213] Mckenzie, D., Rapoport, H., "Network Effects and the Dynamics of Migration and Inequality: Theory and Evidence from Mexico", *Journal of Development Economics* 84 (1), 2007, pp. 1 – 24.

[214] McQuillan, J., "Literacy Crises: False Claims and Real Solution", 1998.

[215] Meyerhoefer, C. D., Chen, C. J., "The Effect of Parental Labor Migration on Children's Educational Progress in Rural China", *Review of Economics of the Household* 9 (3), 2011, pp. 379 – 396.

[216] Mo, D., Wang, H., Shi, Y., Zhang, L., Boswell, M., Scott, R., "Computer Technology in Education: Evidence from a Pooled Study of Computer Assisted Learning Programs among Rural Students in China", *China Economic Review* 36, 2015, pp. 131 – 145.

[217] Mohandas, R., "Report on the Third International Mathematics and Science Study (TIMSS)", 2000.

[218] Moloi, M., Chetty, M., "The SACMEQ Ⅲ Project in South Africa: A Study of the Conditions of Schooling and the Quality of Education", Pretoria: Department of Basic Education, 2010.

[219] Morgan, P., Fuchs, D., "Is There a Bidirectional Relationship between Children's Reading Skills and Reading Motivation?", *Exceptional Children* 73, 2007, pp. 165 – 183.

[220] Mullis, I. V. S., Martin, M. O., Foy, P., Drucker, K. T., "PIRLS 2011 International Results in Reading", Amsterdam: International Association for the Evaluation of Educational Achieve-

ment, 2012.

[221] Mullis, I. V. S. , Martin, M. O. , Gonzalez, E. J. , "International Achievement in the Processes of Reading Comprehension: Results from PIRLS 2001 in 35 Countries", Chestnut Hill, 2004.

[222] Myrberg, E. , Rosén, M. , "Direct and Indirect Effects of Parents' Education on Reading Achievement among Third Graders in Sweden", *British Journal of Educational Psychology* 79 (4), 2009, pp. 695 – 711.

[223] National Center for Education Statistics, "The Nation's Report Card: Reading 2011—Trial Urban District Assessment Results at Grades 4 and 8", 2011.

[224] Ning, B. , Damme, J. V. , Gielen, S. , VanLaar, G. , Noortgate, W. V. D. , "What Makes the Difference in Reading Achievement? Comparisons between Finland and Shanghai", *Scandinavian Journal of Educational Research* 60 (5), 2016, pp. 515 – 537.

[225] Nootens, P. , Morin, M. F. , Alamargot, D. , Gonçalves, C. , Venet, M. , Labrecque, A. M. , "Differences in Attitudes Toward Reading: A Survey of Pupils in Grades 5 to 8", *Frontiers in Psychology* 9, 2019.

[226] North, D. , "The Sources of Economic Growth in The United States and the Alternatives before Us", *The Journal of Economic History* 23 (3), 1963, p. 352.

[227] Owusu-Acheaw, M. , "Reading Habits among Students and Its Effect on Academic Performance: A Study of Students of Koforidua Polytechnic", *Library Philosophy and Practice* (*e-journal*), 2014.

[228] Pajares, F., Valiante, G., "Grade Level and Gender Differences in the Writing Self-Beliefs of Middle School Students", *Contemporary Educational Psychology* 24 (4), 1999, pp. 390 – 405.

[229] Pajares, F., Valiante, G., "Influence of Self-Efficacy on Elementary Students' Writing", *The Journal of Educational Research* 90 (6), 1997, pp. 353 – 360.

[230] National Institute of Child Health and Human Development, "Teaching Children to Read: An Evidence-Based Assessment of the Scientific Research Literature on Reading and Its Implications for Reading Instruction", Report of the National Reading Panel, 2000, p. 36.

[231] Park, H., "Home Literacy Environments and Children's Reading Performance: A Comparative Study of 25 Countries", *Educational Research and Evaluation* 14 (6), 2008, pp. 489 – 505.

[232] Pretorius, E. J., Currin, S., "Do the Rich Get Richer and the Poor Poorer?", *International Journal of Educational Development* 30 (1), 2010, pp. 67 – 76.

[233] Qian, X. L., Smyth, R., "Measuring Regional Inequality of Education in China: Widening Coast-Inland Gap or Widening Rural-Urban Gap?", *Journal of International Development* 20 (2), 2008, pp. 132 – 144.

[234] Retelsdorf, J., Köller, O., Möller, J., "On the Effects of Motivation on Reading Performance Growth in Secondary School", *Learning and Instruction* 21, 2011, pp. 550 – 559.

[235] Richardson, V., "The Role of Attitudes and Beliefs in Learning to Teach," in Sikula, J., ed., *Handbook of Research on Teacher Education* (New York: Macmillan Publishing, 1996), pp. 102 –

119.

[236] Rinehart, S., "Establishing Guidelines for Using Readers Theater with Less-Skilled Readers", Readers Theater Research, 2001.

[237] Roethlisberger, F. J., Dickson, W. J., *Management and the Worker: An Account of a Research Program Conducted by the Western Electric Company, Hawthorne Works, Chicago* (Cambridge, MA: Harvard University Press, 1956).

[238] Roskos, K. A., Strickland, D., Haase, J., Malik, S., "First Principles for Early Grades Reading Programs in Developing Countries", *EQUIP*1, 2009, p. 32.

[239] Rutherford-Becker, K. J., Vanderwood, M. L., "Evaluation of the Relationship between Literacy and Mathematics Skills as Assessed by Curriculum-Based Measures.", *The California School Psychologist* 14 (1), 2009, pp. 23 – 34.

[240] Salili, F., Chiu, C., Lai, S., "The Influence of Culture and Context on Students' Motivational Orientation and Performance", *Student Motivation. Springer*, 2001, pp. 221 – 247.

[241] Samuelson, P. A., "The Pure Theory of Public Expenditure", *The Review of Economics and Statistics* 36 (4), 1954, p. 387.

[242] Saretsky, G., "The OEO P. C. Experiment and the John Henry Effect", *Phi Delta Kappan* 53 (9), 1972, pp. 579 – 581.

[243] Schunk, D. H., Hanson, A. R., Cox, P. D., "Peer-Model Attributes and Children's Achievement Behaviors", *Journal of Educational Psychology* 79 (1), 1987, p. 54.

[244] Schunk, D. H., "Self-Efficacy and Academic Motivation", *Educational Psychologist* 26 (3 – 4), 1991, pp. 207 – 231.

[245] Schunk, D., Swartz, C. "Goals and Progress Feedback: Effects on Self-Efficacy and Writing Achievement", *Contemporary*

Educational Psychology 18 (3), 1993, pp. 337 – 354.

[246] Shi, L., "Rural Migrant Workers in China: Scenario, Challenges and Public Policy", *Ilo Working Papers* 89, 2008, p. 31.

[247] Simeonova-Ganeva, R., "Human Capital in Economic Growth: A Review of Theory and Empirics", *Economic Thought Journal* 7, 2010, pp. 131 – 149.

[248] Slavin, R. E., Cheung, A., Groff, C., Lake, C. "Effective Reading Programs for Middle and High Schools: A Best-Evidence Synthesis", *Reading Research Quarterly* 43 (3), 2008, pp. 290 – 322.

[249] Slavin, R. E., Lake, C., Chambers, B., Cheung, A., Davis, S., "Effective Reading Programs for the Elementary Grades: A Best-Evidence Synthesis", Review of Educational Research 79 (4), 2009, pp. 1391 – 1466.

[250] Sénéchal, M., Jo-Anne, L., "Continuity and Change in the Home Literacy Environment as Predictors of Growth in Vocabulary and Reading", *Child development* 85, 2014.

[251] Snow, C. E., Burns, M. S., Griffin, P., *Preventing Reading Difficulties in Young Children* (*National Academy Press*, 1998), p. 432.

[252] Stanovich, K., "Matthew Effects in Reading: Some Consequences of Individual Differences in the Acquisition of Literacy", *Reading Research Quarterly* 21, 1986, pp. 360 – 407.

[253] Stevenson, H. W., Newman, R. S., "Long-Term Prediction of Academic Achievement of American, Chinese, and Japanese Adolescents", *Journal of Educational Psychology* 88 (4), 1996, pp. 750 – 759.

[254] Sussman, J. B., Hayward, R. A., "An IV for the RCT: Using Instrumental Variables to Adjust for Treatment Contamination in

Randomised Controlled Trials", *British Medical Journal* 340, 2010, p. 2073.

[255] Thorndike, R., "Reading Comprehension in Fifteen Countries", New Horizons in Reading, 1976, pp. 500 – 507.

[256] Thurber, R. S., Shinn, M. R., Smolkowski, K., "What Is Measured in Mathematics Tests? Construct Validity of Curriculum-Based Mathematics Measures", *School Psychology Review* 31 (4), 2002, p. 498.

[257] Topping, K. J., Samuels, J., Paul, T., "Does Practice Make Perfect? Independent Reading Quantity, Quality and Student A-chievement", *Learning and Instruction* 17 (3), 2007, pp. 253 – 264.

[258] Tse, S. K., Xiao, X. Y., Ko, H. W., Lam, J. W. I., Hui, S. Y., Ng, H. W., "Do Reading Practices Make a Difference? Evidence from PIRLS Data for Hong Kong and Taiwan Primary School Grade 4 Students", *Compare: A Journal of Comparative and International Education* 46 (3), 2016, pp. 369 – 393.

[259] Tucker, M., *Surpassing Shanghai: An Agenda for American Education Built on the World's Leading Systems* (*Harvard Education Press*, 2011).

[260] Tunmer, W. E., Chapman, J. W., Greaney, K. T., Prochnow, J. E., Arrow, A. W., "Why the New Zealand National Literacy Strategy Has Failed and What Can Be Done about It: Evidence from the Progress in International Reading Literacy Study (PIRLS) 2011 and Reading Recovery Monitoring Reports", *Australian Journal of Learning Difficulties* 18 (2), 2013, pp. 139 – 180.

[261] United Nations Educational, Scientific and Cultural Organization,

Youth and Skills: Putting Education to Work (Paris: UNESCO Publishing, 2012).

[262] van Bergen, E., van Zuijen, T. V., Bishop, D., De-Jong, P. F., "Why Are Home Literacy Environment and Children's Reading Skills Associated? What Parental Skills Reveal", *Reading Research Quarterly* 52, 2016.

[263] van Uden, J. M., Ritzen, H., Pieters, J. M., "Engaging Students: The Role of Teacher Beliefs and Interpersonal Teacher Behavior in Fostering Student Engagement in Vocational Education", *Teaching and Teacher Education* 37, 2014, pp. 21 – 32.

[264] Wang, H., Guan, H., Yi, H., Seevak, E., Manheim, R., Boswell, M., Rozelle, S., Kotb, S., "Independent Reading in Rural China's Elementary Schools: A Mixed-Methods Analysis", *International Journal of Educational Development* 78 (C), 2020.

[265] Wang, J. Y., Ying, L., "Research on the Teaching Quality of Compulsory Education in China's West Rural Schools", *Frontiers of Education in China* 4, 2009, pp. 66 – 93.

[266] Wang, L., Lewin, K., *School Mapping and Boarding in the Context of Demographic Change in Rural Areas: Two Decades of Basic Education in Rural China* (Singapore: Springer, 2016), pp. 165 – 191.

[267] Wen, M., Lin, D., "Child Development in Rural China: Children Left Behind by Their Migrant Parents and Children of Non-Migrant Families: Child Well-Being in Rural China", *Child Development* 83 (1), 2012, pp. 120 – 136.

[268] Whitehead, N., "The Effects of Increased Access to Books on Student Reading Using the Public Library", *Reading Improvement* 41, 2004.

[269] White, H., "Theory-Based Impact Evaluation: Principles and Practice", *Journal of Development Effectiveness* 1 (3), 2009, pp. 271 – 284.

[270] Whitehurst, G. J., Lonigan, C. J., "Emergent Literacy: Development from Pre-Readers to Readers", in Neuman, S. B. & Dickinson, D. K., eds., *Handbook of Early Literacy Reseach* (New York: Guilford Press, 2001), pp. 403 – 422.

[271] Wigfield, A., Guthrie, J. T., "Relations of Children's Motivation for Reading to the Amount and Breadth of Their Reading", *Journal of Educational Psychology* 89 (3), 1997, p. 13.

[272] Wong, F. K. D., Chang, Y. L., He, X. S., "Correlates of Psychological Wellbeing of Children of Migrant Workers in Shanghai, China", *Social Psychiatry and Psychiatric Epidemiology* 44 (10), 2009, pp. 815 – 824.

[273] Wong, F., "Rural Migrant Works in Urban China: Living a Marginalized Life", *International Journal of Social Welfare* 16, 2007, pp. 32 – 40.

[274] Woolley, G., *Reading Comprehension: Assisting Children with Learning Difficulties* (Dordrecht: Springer Netherlands, 2011), pp. 15 – 34.

[275] Worthy, J., "Removing Barriers to Voluntary Reading for Reluctant Readers: The Role of School and Classroom Libraries", *Language Arts* 73 (7), 1996, pp. 483 – 492.

[276] Wright, G. N., Phillips, L. D., "Cultural Variation in Probabilistic Thinking: Alternative Ways of Dealing with Uncertainty", *International Journal of Psychology* 15 (1 – 4), 1980, pp. 239 – 257.

[277] Wright, G. N., Phillips, L. D., Whalley, P. C., Choo, G. T.,

Ng, K. O. , Tan, I. , Wisudha, A. , "Cultural Differences in Probabilistic Thinking", *Journal of Cross-Cultural Psychology* 9 (3), 1978, pp. 285 – 299.

[278] Wu, Q. B. , Lu, D. P. , Kang, M. , "Social Capital and the Mental Health of Children in Rural China with Different Experiences of Parental Migration", *Social Science & Medicine* 132, 2015, pp. 270 – 277.

[279] Yates, J. F. , Lee, J. W. , Shinotsuka, H. , "Beliefs about Overconfidence, Including Its Cross-National Variation", *Organizational Behavior and Human Decision Processes* 65 (2), 1996, pp. 138 – 147.

[280] Yates, J. F. , Zhu, Y. , Ronis, D. L. , Wang, D. F. , Shinotsuka, H. , Toda, M. , "Probability Judgment Accuracy: China, Japan, and the United States", *Organizational Behavior and Human Decision Processes* 43 (2), 1989, pp. 145 – 171.

[281] Yeung, W. J. , Linver, M. R. , Brooks-Gunn, J. , "How Money Matters for Young Children's Development: Parental Investment and Family Processes", *Child Development* 73 (6), 2002, pp. 1861 – 1879.

[282] Yi, H. , Mo, D. , Wang, H. , Gao, Q. , Shi, Y. , Wu, P. , Abbey, C. , Scott, R. , "Do Resources Matter? Effects of an In-Class Library Project on Student Independent Reading Habits in Primary Schools in Rural China", *Reading Research Quarterly* 54 (3), 2018, pp. 383 – 411.

[283] Yoon, K. S. , Duncan, T. , Lee, S. W. Y. , Scarloss, B. , Shapley, K. , "Reviewing the Evidence on How Teacher Professional Development Affects Student Achievement", Regional Educational Laboratory Southwest, 2007.

[284] Yue, Q. J. , "Cultivation of Reading Ability in Primary School Chinese Teaching", Learning Weekly, 2016.

[285] Zhang, H. F. , "The Hukou System's Constraints on Migrant Workers' Job Mobility in Chinese Cities", *China Economic Review* 21 (1), 2010, pp. 51 –64.

[286] Zhao, Q. R. , Yu, X. H. , Wang, X. B. , Glauben, T. , "The Impact of Parental Migration on Children's School Performance in Rural China", *China Economic Review* 31, 2014, pp. 43 –54.

[287] Zhou, C. , Sylvia, S. , Zhang, L. , Luo, R. , Yi, H. , Liu, C. , Shi, Y. , Loyalka, P. , Chu, J. , Medina, A. , Rozelle, S. , "China's Left-Behind Children: Impact of Parental Migration on Health, Nutrition, and Educational Outcomes", *Health Affairs* 34 (11), 2015, pp. 1964 –1971.

图书在版编目(CIP)数据

阅读助燃梦想:农村小学生阅读调查 / 高秋风著
. -- 北京:社会科学文献出版社,2022.6
ISBN 978 - 7 - 5228 - 0264 - 0

Ⅰ.①阅… Ⅱ.①高… Ⅲ.①农村学校 - 阅读教学 -
教学研究 - 小学 Ⅳ.①G623.232

中国版本图书馆 CIP 数据核字(2022)第 100570 号

阅读助燃梦想
——农村小学生阅读调查

著　　者 / 高秋风

出 版 人 / 王利民
组稿编辑 / 高　雁
责任编辑 / 贾立平
责任印制 / 王京美

出　　版 / 社会科学文献出版社·经济与管理分社(010)59367226
　　　　　　地址:北京市北三环中路甲 29 号院华龙大厦　邮编:100029
　　　　　　网址:www.ssap.com.cn
发　　行 / 社会科学文献出版社 (010)59367028
印　　装 / 三河市龙林印务有限公司

规　　格 / 开　本:787mm×1092mm　1/16
　　　　　　印　张:15.25　字　数:205 千字
版　　次 / 2022 年 6 月第 1 版　2022 年 6 月第 1 次印刷
书　　号 / ISBN 978 - 7 - 5228 - 0264 - 0
定　　价 / 98.00 元

读者服务电话:4008918866